Christian Somnitz
Materialien und Kopiervorlagen
zur Klassenlektüre

Charles Dickens

EINE WEIHNACHTS-GESCHICHTE

Hase und Igel®

Inhalt

„Eine Weihnachtsgeschichte" –
Das Buch im Unterricht   3

Einstimmung auf die Lektüre

Vorschläge zur Unterrichtsgestaltung   5
Kopiervorlagen: Ein besonderes Datum   8
                Weihnachten in England   9

Erstes Kapitel: Marleys Geist

Inhalt und Vorschläge
zur Unterrichtsgestaltung   10
Kopiervorlagen: Ebenezer Scrooge   13
                Geister kündigen sich an   14
                Marleys Geist stellt sich vor   15
                Gespenstergeschichten
                aus der Kiste   16

Zweites Kapitel: Der erste der drei Geister

Inhalt und Vorschläge
zur Unterrichtsgestaltung   17
Kopiervorlagen: Die Uhr tickt   21
                Gespenster-Kartei   22
                Märchenhafte Gestalten   23
                Eine Reise
                in die Vergangenheit   24
                Besserung garantiert?   25
                Scrooge und die anderen   26

Drittes Kapitel: Der zweite der drei Geister

Inhalt und Vorschläge
zur Unterrichtsgestaltung   27
Kopiervorlagen: Der Geist
                der gegenwärtigen Weihnacht . . .   31
                Geschäfte zur Weihnachtszeit . . .   32
                Londons Schattenseite   33
                Fröhliche Weihnacht überall? . . .   34
                Spiele zum Weihnachtsfest   35

Viertes Kapitel: Der letzte der Geister

Inhalt und Vorschläge
zur Unterrichtsgestaltung   37
Kopiervorlagen: Der Geist
                der zukünftigen Weihnacht   40
                Er ist tot!   41
                Zukunftsvisionen   42

Fünftes Kapitel: Das Ende vom Lied

Inhalt und Vorschläge
zur Unterrichtsgestaltung   43
Kopiervorlagen: Scrooges Verwandlung   45
                Vergangenheit – Gegenwart –
                Zukunft   46

Zu allen Kapiteln

Vorschläge zur Unterrichtsgestaltung   47
Kopiervorlagen: Das große Ebenezer-
                Scrooge-Rätsel   49
                Wer war Charles Dickens?   50
                Der Geist der Weihnacht   51

Literatur, Verfilmungen, Internet   52

© 2008 Hase und Igel Verlag GmbH, München
www.hase-und-igel.de
Lektorat: Kristina Oerke
Satz: Claudia Trinks
Illustrationen: John Leech (aus der Lektüre), Uta Fischer

ISBN 978-3-86760-373-7
2. Auflage 2017

Das Buch

In seiner 1843 erstmals erschienenen Erzählung „A Christmas Carol" entführt Charles Dickens seine Leser in das düster-bunte London des 19. Jahrhunderts. Dabei versprüht er so viel vom „Geist der Weihnacht", dass die Geschichte von der Bekehrung des Geizhalses Scrooge auch heute noch als die Weihnachtserzählung schlechthin gilt. Nicht ganz unbeteiligt daran sind die drei Geister der vergangenen, gegenwärtigen und zukünftigen Weihnacht, die vor allem die jugendlichen Leser in ihren Bann ziehen. So macht das Märchenhafte und zugleich Gruselige dieser Geschichte „A Christmas Carol" zu einer besonders für die Klassenstufen 5 bis 7 geeigneten Lektüre.

Ebenezer Scrooge, ein geiziger und hartherziger Kaufmann, befindet sich am Nachmittag des 24. Dezembers in seinem Büro. Die fröhliche Weihnachtsstimmung, die alles um ihn herum erfasst hat, scheint ihn nicht im Geringsten zu berühren. Er benimmt sich gegenüber seinem halb verhungerten und unterbezahlten Buchhalter so missmutig wie immer, schlägt eine gut gemeinte Einladung zum Weihnachtsessen bei seinem Neffen mit harschen Worten aus und jagt verschiedene Bittsteller davon.

Unwillig darüber, dass ihm durch den morgigen Weihnachtsfeiertag ein Verdiensttag genommen wird, kehrt er endlich in seine düstere Wohnung zurück. Hier hat er eine wundersame Erscheinung: Der Geist seines verstorbenen Geschäftspartners Marley sucht den Geizkragen heim, um ihn zur Umkehr zu ermahnen. Ihm folgen drei weitere Geister: der „Geist der vergangenen Weihnacht", der „Geist der gegenwärtigen Weihnacht" und der „Geist der zukünftigen Weihnacht". Sie zeigen ihm all das Glück, das ihm aufgrund seiner eigenen Habsucht entgangen ist, und führen ihm auch die dunkle Zukunft vor Augen, die auf ihn wartet, wenn er sein Leben nicht grundsätzlich ändert. Dies alles erschüttert den hartherzigen alten Scrooge so sehr, dass er sich tatsächlich von Grund auf wandelt.

Viele Literaturwissenschaftler sehen in „A Christmas Carol" eines der ersten englischen Kunstmärchen. Die klare Zuordnung von Gut und Böse und die nicht von der Hand zu weisende Sentimentalität, die aber dank des literarischen Talents des Dichters nie ins Kitschige abgleitet, haben sicher viel zu der seit über 160 Jahren ungebrochenen Attraktivität dieser Erzählung beigetragen.

Charles Dickens selbst hat immer wieder betont, wie sehr ihn die Märchen, die er als Kind hörte, auch noch als Erwachsener prägten. Der Erziehungswissenschaftler und Psychologe Bruno Bettelheim weist in seinem Standardwerk „Kinder brauchen Märchen" auf Dickens' Erkenntnis hin, „dass die Bilderwelt der Märchen den Kindern besser als alles andere in ihrer schwierigsten, aber wichtigsten Aufgabe hilft: sich ein reiferes Bewusstsein zu erringen, um die chaotischen Spannungen ihres Unbewussten zu bewältigen." [1]

So bietet auch die Figur des Bösewichts Scrooge den Leserinnen und Lesern Gelegenheit, sich mit dem eigenen – bewussten oder unbewussten – Egoismus auseinanderzusetzen.

Der Text der Hase und Igel Schulausgabe basiert auf der Übersetzung von Richard Zoozmann, die unter Berücksichtigung des englischen Originaltextes gewissenhaft bearbeitet wurde. Geringfügige Kürzungen wurden nur an den wenigen Textstellen vorgenommen, die ohne weiterführende Erläuterungen für die Zielgruppe nicht verständlich wären. Der feierliche, etwas „altertümlich" anmutende Sprachduktus, der der Erzählung eigen ist, wurde beibehalten.

[1] *Bettelheim, Bruno: Kinder brauchen Märchen. München (dtv) 1993, Seite 31.*

Das Material

Das Begleitmaterial greift verschiedene inhaltliche und sprachliche Aspekte der Erzählung auf. Darüber hinaus kommen auch entstehungs- und rezeptionsgeschichtliche Fragestellungen zur Sprache.

Nach Vorschlägen zur Einstimmung auf die Lektüre folgen fünf Abschnitte mit unterrichtspraktischen Anregungen, die sich am Handlungsverlauf und an der Kapiteleinteilung der Erzählung orientieren. Im letzten Teil finden Sie Unterrichtsvorschläge, die unabhängig von einem bestimmten Kapitel eingesetzt werden können. Einige der Ideen und Kopiervorlagen in diesem Teil setzen voraus, dass die Schülerinnen und Schüler bereits die gesamte Erzählung gelesen haben.

Jeder Abschnitt beginnt mit einem Lehrerteil, der eine kurze Inhaltsangabe des betreffenden Kapitels, Hinweise zu den Kopiervorlagen sowie zusätzliche Vorschläge für Gesprächs- und Schreibanlässe enthält. Darüber hinaus finden Sie hier auch Anregungen zur kreativen Auseinandersetzung mit den in der Lektüre angesprochenen Themen ("Kreativ aktiv").

Unmittelbar im Unterricht einsetzbare Kopiervorlagen (KV) runden jeden Teil ab.

Signets am oberen Seitenrand verdeutlichen den thematischen Schwerpunkt der jeweiligen Kopiervorlage:

zur Lektüre

Weihnachten

Gespenster-geschichte

Gesellschaft

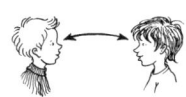

zwischenmenschliche Beziehungen

Entstehung und Rezeption

Die einzelnen Arbeitsaufträge auf den Kopiervorlagen sind zur besseren Orientierung mit folgenden Symbolen versehen:

schreiben

lesen

sprechen

Kurzvortrag

kreatives Gestalten

Rollenspiel

Für viele Menschen sind die Wochen vor Weihnachten die stimmungsvollsten des Jahres. Gerade Kinder freuen sich auf das große Fest und zählen die Tage bis zum 24. Dezember. Und doch verbindet jeder etwas anderes mit dem Gedanken an Weihnachten: Einigen Menschen ist es vor allem wichtig, ein paar freie Tage gemeinsam mit der Familie verbringen zu können, anderen geht gerade die ungewohnte Nähe auf die Nerven. Große Geschenke und üppiges Essen bedeuten dem einen mehr, dem anderen weniger. Für manche ist ein Weihnachtsfest ohne Gottesdienstbesuch kein richtiges Weihnachtsfest, andere können mit dem christlichen Hintergrund des Festes überhaupt nichts anfangen. Die Bandbreite dessen, was den Menschen am Weihnachtsfest wichtig ist, ist groß – bei Erwachsenen wie bei Kindern.

Die beiden Kopiervorlagen „Ein besonderes Datum" und „Weihnachten in England" bieten die Möglichkeit eines thematischen Einstiegs in die Lektüre.

Zu den Kopiervorlagen

KV
Seite
8

Ein besonderes Datum

Als Einstieg bietet es sich an, die Klasse in einem Unterrichtsgespräch Assoziationen zum Thema Weihnachten äußern zu lassen. Wenn in der Klasse Schüler sind, die aus einem anderen Kulturkreis stammen, ist es wichtig, dass auch diese zu Wort kommen: Dominiert für sie das Gefühl des Ausgeschlossenseins? Gibt es in ihrer Religion ähnliche Feste, in denen die Menschen einander beschenken und miteinander feiern? Oder feiern sie in ihrer Familie auch das „fremde Fest" Weihnachten?

Im Anschluss bearbeiten die Schüler zunächst in Einzelarbeit die erste Aufgabe. Indem sie verschiedene Bestandteile des Weihnachtsfestes bewerten, wird ihnen bewusst, was das Fest für sie persönlich bedeutet. Zusätzlich können abweichende Weihnachtstraditionen ergänzt werden. Im Unterrichtsgespräch werden anschließend Gemeinsamkeiten und Unterschiede herausgearbeitet und diskutiert.

Falls in Ihrer Klasse viele Schüler aus Ländern kommen, in denen das Weihnachtsfest anders gefeiert wird, bietet sich ein freierer Zugang an: Lassen Sie die Schüler selbst Begriffe finden, die sie mit Weihnachten verbinden. Daraus können dann individuelle Bewertungsbögen entwickelt werden.

KV
Seite
9

Weihnachten in England

Die Kopiervorlage informiert über Weihnachtsbräuche und weihnachtliche Traditionen in England. Manche dieser Bräuche dürften den Schülern aus englischen oder amerikanischen Filmen bekannt sein, auch wenn sie diese vielleicht nicht als typische Tradition eines bestimmten Landes eingeordnet haben. Im Anschluss an die Lektüre des kurzen Sachtextes sollen die Schüler je einen englischen und einen heimatlichen Weihnachtsbrauch nennen und schriftlich begründen, warum ihnen dieser besonders gut gefällt.

Bei dieser Kopiervorlage besteht die Möglichkeit einer Kooperation mit dem Englischunterricht. Auch die Weihnachtsbräuche anderer Länder können näher betrachtet werden (siehe „Gesprächs- und Schreibanlässe").

Gesprächs- und Schreibanlässe

Weihnachten in anderen Ländern

Die meisten Länder haben eigene Weihnachtsbräuche (siehe auch Informationen auf Seite 6/7). In anderen Religionen wird zwar nicht Weihnachten gefeiert, dafür steht ein anderes Fest im Mittelpunkt. Lassen Sie die Schüler diesen unterschiedlichen Traditionen nachspüren und darüber berichten. Besonders interessant wird es, wenn Schüler, die aus anderen Ländern kommen oder sich zu einer anderen Religion bekennen, von ihren Traditionen berichten.

• Wie wird Weihnachten in anderen Ländern gefeiert? Arbeitet in Kleingruppen. Jede Gruppe wählt ein Land und recherchiert im Internet oder in der Stadtbücherei zu Weihnachtstraditionen und -bräuchen. Tragt die Ergebnisse anschließend in der Klasse vor.

• Weihnachten ist ein wichtiges christliches Fest. Welche zentralen Feste gibt es im Judentum, im Islam, im Buddhismus, im Hinduismus? Informiere dich in einem Lexikon oder im Internet. Berichte in der Klasse.

Weihnachten in früheren Zeiten

Wie hat man früher Weihnachten gefeiert? Frage in deiner Familie oder bei älteren Freunden. Wie haben zum Beispiel deine Eltern oder deine Großeltern als Kinder Weihnachten erlebt? Mache dir Notizen und erzähle hinterher in deiner Klasse, was du erfahren hast.

Ein Weihnachtselfchen

Dichte ein Elfchen zum Thema Weihnachten. Zur Erinnerung – ein Elfchen hat folgenden Aufbau:

1. Zeile	1 Wort (eine Farbe, die zum Gegenstand des Gedichtes passt)
2. Zeile	2 Wörter (der Gegenstand des Gedichtes)
3. Zeile	3 Wörter (genauere Bestimmung des Gegenstandes: wo er ist, was er tut, wie er ist …)
4. Zeile	4 Wörter (Beziehung, die der Schreiber zum Gegenstand des Gedichtes hat)
5. Zeile	1 Wort (Zusammenfassung)

Beispiel:

Bunt
das Weihnachtsfest
immer wieder neu
wärmt mich von innen
Freude

Kreativ aktiv

Weihnachten ist …

Stell dir vor, du triffst jemanden von einem fernen Planeten, der keine Ahnung hat, was Weihnachten ist. Tu dich mit einem Partner zusammen und überlege, welche Fragen der Fremde haben könnte und welche Antworten du darauf geben würdest. Erarbeitet einen Dialog und stellt diesen dann als Rollenspiel der Klasse vor.

Ein echter englischer Plumpudding

Im Rahmen von Projekttagen oder zur Vorbereitung auf eine Weihnachtsfeier können die Schüler selbst einen Plumpudding zubereiten. Im Internet finden Sie eine große Zahl komplizierterer Rezepte für Plumpudding mit Rum, Brandy oder Sherry (z. B. unter *www.chefkoch.de* oder *www.daskochrezept.de*). Das hier abgedruckte Rezept ist eine alkoholfreie und vereinfachte Version dieser klassischen englischen Weihnachtsspeise.

Plumpudding

Der Plumpudding wurde früher in England im Oktober gebacken und sollte einige Wochen durchziehen. Er war der traditionelle Kuchen für die Festessen in der Weihnachtszeit. Man bot ihn aber auch allen Gästen an, die überraschend eintrafen. Beim großen Weihnachtsmenü wurde er meist warm serviert und bei Tisch flambiert. In den Kuchen wurde ein Halfpennystück eingebacken. Man sagte, der Finder der Münze habe das ganze Jahr Glück.

Zutaten:
je 100 g grob zerkleinert: Feigen, Datteln, Orangeat, Zitronat, Mandeln, Nüsse
100 g Rosinen
für den Teig: 2 Eier, 150 g Mehl, 80 g Butter, 1 Zitrone (nur die abgeriebene Schale)
außerdem: 1 kleine Münze

Zubereitung:
Die Rosinen waschen, trocken tupfen und alle Zutaten für den Teig mischen. Früchte und Nüsse hinzugeben und vorsichtig verrühren. Den fertigen Teig in eine Kastenform füllen, die mit Backpapier ausgelegt ist. Die Münze nicht vergessen! Bei 175 Grad ca. 90 Min. backen, bis an einem Holzspießchen, das in den Kuchen gesteckt wird, kein Teig mehr hängen bleibt. Abkühlen lassen, in Alufolie packen und in den Kühlschrank stellen. Zum Servieren sehr dünn schneiden.

Weihnachten in aller Welt

Australien und Neuseeland: In Australien und Neuseeland ist zur Weihnachtszeit Hochsommer. Wegen der großen Hitze sind „klassische" Tannenbäume kaum zu bekommen. Deshalb stellen die Menschen häufig Plastikbäume auf. Am Abend des 24. Dezembers wird meist draußen gefeiert: Bis tief in die Nacht sitzen die Menschen am Lagerfeuer und singen Weihnachtslieder. Die Bescherung findet wie in England am Morgen des 25. Dezembers statt.

Frankreich: In Frankreich hat der Weihnachtsmann, der dort *Père Noël* heißt, keinen Sack, sondern einen Tragekorb – ähnlich wie eine Kiepe bei der Weinlese – auf dem Rücken. Die Geschenke bringt er in der Nacht zum 25. Dezember durch den Kamin und legt sie dort – wie unser Nikolaus – in bereitgestellten Schuhen ab. Zum traditionellen Weihnachtsessen zählen auf jeden Fall die Gänsestopfleber *(le fois gras)* und eine Buttercremetorte in Baumstammform *(la bûche de Noël)*.

Griechenland: In Griechenland bringt der heilige Vassilius die Geschenke – und zwar in der Nacht zum 1. Januar. Dieser Tag ist der Höhepunkt des Weihnachtsfestes, das am 24. Dezember mit der Mitternachtsmesse beginnt. Am Neujahrstag gibt es einen großen Kuchen für die ganze Familie. Darin eingebacken ist eine Goldmünze. Wer sie findet, hat das ganze Jahr Glück.

Italien: In Italien kommt am 25. Dezember *Il Bambinello Gesù*, das Christkind. Morgens nach dem Aufstehen finden die Kinder ihre Geschenke unter dem Tannenbaum neben der Krippe, die in Italien einen besonders hohen Stellenwert hat. Aber es gibt noch andere Tage, an denen die Kinder in Italien während der Advents- und Weihnachtszeit Geschenke bekommen: Am 6. Dezember kommt *San Nicola*, am 13. Dezember *Santa Lucia* und schließlich am 6. Januar *La Befana*. *La Befana* ist der Sage nach eine Hexe, die sich nicht schnell genug auf den Weg zur Krippe gemacht hat und deshalb den Weihnachtsstern nicht mehr fand. Nun fliegt sie von Dach zu Dach und schaut durch die Schornsteine in die Häuser, um das Christkind zu suchen. Dabei hinterlässt sie in jedem Haus ihre Geschenke.

Kenia: In Kenia trifft sich die ganze Familie am Heiligen Abend zu einem großen Festmahl. Danach sind die Kinder gefordert: Ihre Aufgabe ist es, das Haus zu säubern, zu dekorieren und das Essen für den nächsten Tag vorzubereiten – wobei ihnen die Erwachsenen, wenn nötig, hilfreich zur Seite stehen. Am Morgen des 25. Dezembers wird eine Ziege geschlachtet, gebraten und das Fleisch geteilt. Dann verlagert sich das Geschehen auf die Straße: Man zieht von Haus zu Haus, wünscht sich frohe Weihnachten und tanzt bis tief in die Nacht auf den Straßen und Plätzen.

Mexiko: In Mexiko feiert man Weihnachten mit farbenprächtigen Straßenumzügen, bei denen die Herbergssuche nachgestellt wird. An den neun Tagen vor Weihnachten werden die Figuren von Maria und Josef jeden Abend zu einer anderen Familie gebracht, die den „Fremden" Herberge gibt. Am Heiligabend treffen sich alle um Mitternacht vor der Kirche. Dort gibt es ein großes Feuerwerk und einen Blumentanz. Danach erst beginnt die Mitternachtsmette. Nach dem Gottesdienst feiern alle zusammen in der Kirche. Dabei werden die neun *piñatas* geknackt, die von den Familien, bei denen die Figuren von Maria und Josef je eine Nacht verbracht haben, gespendet worden sind. Die *piñatas* sind schön verzierte Tonkrüge voller Süßigkeiten, die an die Decke gehängt werden. Die Kinder bekommen die Augen verbunden und versuchen mit einem Stock die Krüge kaputtzuschlagen, um an die Süßigkeiten heranzukommen.

Niederlande und Belgien: Der 24. und der 25. Dezember haben in den Niederlanden und in Belgien vor allem eine religiöse Bedeutung. Die Tage, an denen traditionsgemäß Geschenke überreicht werden, sind der 5. und der 6. Dezember, also der Vorabend von Nikolaus (*Sinterklaasavond*) und der Nikolaustag selbst. Wie in Deutschland hat der Nikolaus die Mitra und den Stab eines Bischofs und wird von einem Helfer, dem *Zwarte Piet* (wörtl.: Schwarzer Peter, vergleichbar mit unserem Knecht Ruprecht) begleitet. Der Sage nach lebt *Sinterklaas* normalerweise in Spanien. Im November fährt er mit einem Schiff in die Niederlande. Seine Ankunft wird in vielen Küsten-

orten nachgespielt. Allerdings hat inzwischen auch hier eine „Amerikanisierung" eingesetzt: *Sinterklaas* wird immer stärker vom Weihnachtsmann verdrängt. Und zur Freude der Geschäftsleute etabliert sich auch der 24./25. Dezember als zweiter, kommerziellerer Geschenktag.

Norwegen: Am Nachmittag des 24. Dezembers wird traditionell der tschechische Märchenfilm „Drei Nüsse für Aschenbrödel" gezeigt. Anschließend gibt es ein großes Weihnachtsessen – Lamm- oder Schweinerippchen mit Kartoffeln und Kraut. Dann kommt der *Julmann* (Weihnachtsmann) und bringt gemeinsam mit seinen Gehilfen, den *Julnissen* (Weihnachtswichteln) die Geschenke. Für die *Julnissen* stellen die Kinder eine Schüssel mit Grütze ins Fenster, damit sie nach ihrer langen Reise aus Lappland etwas zu essen vorfinden. Vergisst man die Grütze, können die *Julnissen* eine ganze Menge üble Streiche anstellen. Der 25. Dezember wird eher in den Familien verbracht, wogegen der 26. Dezember ein Tag für Kino- und Kneipenbesuche ist. An diesem Tag verkleiden sich die Kinder und ziehen von Tür zu Tür, um – ähnlich wie an Halloween – Süßigkeiten zu erbetteln.

Polen: In Polen wird am 24. Dezember tagsüber gefastet. Abends kommt die Familie dann zum Weihnachtsessen zusammen. Neben jedem Teller liegt eine große Oblate, auf die ein Bild (Krippendarstellung o. Ä.) aufgeprägt ist. Nachdem das Weihnachtsevangelium vorgelesen worden ist, teilt man die Oblaten untereinander und wünscht dabei jedem, mit dem man die Oblate bricht, frohe Weihnachten. Dann erst gibt es das eigentliche Essen (traditionell meistens Karpfen). Die Kinder finden dabei häufig eine Münze oder einen Geldschein unter ihrem Teller.

Russland: Da sich die orthodoxe Kirche nicht nach dem gregorianischen, sondern nach dem julianischen Kalender richtet, fällt in Russland das Weihnachtsfest auf den 6. Januar. In der Zeit der Sowjetunion galt der 6. Januar jedoch nicht als Feiertag. Deshalb wurden die Weihnachtsfeierlichkeiten häufig auf den Neujahrstag verlegt. Väterchen Frost, der die Geschenke bringt, wird in jedem Dorf mit Musik empfangen. Dazu gibt es Kuchen, die mit vielen Herzen verziert sind. Für jedes Herz soll ein Traum in Erfüllung gehen.

Spanien: Weihnachtsbäume sind in Spanien eine relativ neue Erscheinung. Bis vor wenigen Jahrzehnten bestand der weihnachtliche Wohnungsschmuck vor allem aus der Krippe. Auch dass die Kinder immer häufiger ihre Geschenke am 24. Dezember vom Weihnachtsmann erhalten, ist neu. Gemäß der Tradition werden die Geschenke am 6. Januar von den Heiligen Drei Königen gebracht. Ihren Reittieren stellen die Kinder Wasser und Brot vor die Tür.

Ein besonderes Datum

 Welche Dinge sind dir am 24. Dezember besonders wichtig, welche weniger? Bewerte und male die entsprechende Anzahl von Sternen aus: 0 = unwichtig, 1 = eher unwichtig, 2 = eher wichtig, 3 = wichtig, 4 = sehr wichtig.

Schulferien ☆☆☆☆

gutes Essen ☆☆☆☆

Krippenspiel ☆☆☆☆

langes Schlafen ☆☆☆☆

Zeit mit der Familie verbringen ☆☆☆☆

festliche Stimmung ☆☆☆☆

Geschenke ☆☆☆☆

Plätzchen und Lebkuchen ☆☆☆☆

fernsehen ☆☆☆☆

spät ins Bett gehen ☆☆☆☆

Tannenbaum ☆☆☆☆

gemeinsames Spielen ☆☆☆☆

Weihnachtslieder ☆☆☆☆

Besuch von Verwandten ☆☆☆☆

Gottesdienst ☆☆☆☆

Besuch bei Verwandten ☆☆☆☆

Freunde einladen ☆☆☆☆

ins Kino gehen ☆☆☆☆

Weihnachtskrippe zu Hause ☆☆☆☆

_____ ☆☆☆☆

 Vergleicht eure Ergebnisse in der Klasse.

Weihnachten in England

 In England wird Weihnachten etwas anders gefeiert als bei uns. Lies dir den Text durch.

In England gibt es die Geschenke nicht am Abend des 24. Dezembers, sondern erst am Morgen des 25. Dezembers. Der Legende nach kommt nämlich in der Nacht *Father Christmas,* auch *Santa Claus* genannt, auf seinem Rentierschlitten und bringt die Geschenke. Er befördert die Päckchen durch den Schornstein und steckt zumindest die kleineren Pakete in die langen Strümpfe, die die Kinder am Abend zuvor am Kaminsims aufgehängt haben.

Am ersten Weihnachtsfeiertag, also am 25. Dezember, gibt es dann das traditionelle Weihnachtsessen: einen gefüllten Truthahn. Außerdem gehört zu einem englischen Weihnachtsessen der sogenannte Plumpudding mit Rosinen, Nüssen und Mandeln.

Viele Menschen – Kinder und Erwachsene – tragen zum Weihnachtsessen bunte Papierhütchen auf dem Kopf. Die Wohnung wird mit Luftschlangen, Stechpalmen und Mistelzweigen geschmückt. Die Mistelzweige sind besonders wichtig: Nach dem Essen wird getanzt und es werden Rate- und Pfänderspiele gemacht. Und wenn sich in diesem Trubel zwei Menschen unter einem der mit Mistelzweigen geschmückten Türrahmen treffen, dann dürfen sie sich küssen.

Welcher der oben beschriebenen Bräuche gefällt dir besonders? Schreibe ihn auf und begründe deine Meinung.

_____

_____

_____

Welcher der Weihnachtsbräuche in eurer Familie gefällt dir besonders gut? Schreibe ihn auf und begründe deine Meinung.

_____

_____

_____

_____

Inhalt

Ebenezer Scrooge ist ein habgieriger Geschäftsmann. Er sucht stets seinen finanziellen Vorteil und scheffelt Geld, wo er nur kann. Gegen sich selbst zeigt er sich genauso geizig und hartherzig wie gegen alle anderen Menschen. So wie er keinem Bettler auch nur das geringste Almosen gönnt, so spart er auch an allem anderen: Sein Kontor und seine Wohnung sind düster und schlecht geheizt, sein Essen ist kärglich und der Gedanke, Geld für Vergnügungen auszugeben, ist ihm unerträglich.

Mit dem Weihnachtsfest und der Vorfreude seiner Mitmenschen kann er überhaupt nichts anfangen. Deshalb schlägt er am Nachmittag des 24. Dezembers die Einladung seines Neffen Fred für den folgenden Weihnachtstag aus, verweigert zwei Mitgliedern einer Hilfsorganisation die erbetene Spende für die Notleidenden der Stadt London und verjagt einen Jungen, der vor seiner Tür Weihnachtslieder singt. Seinem Schreiber erlaubt Scrooge nur widerwillig, am morgigen Weihnachtsfeiertag zu Hause bei seiner Familie zu bleiben.

Als sich der geizige alte Mann abends zu seiner Wohnung begibt, wird er mit dem ersten einer Reihe von übernatürlichen Ereignissen konfrontiert: Vor seinen Augen verwandelt sich sein Türklopfer in den Kopf seines vor sieben Jahren verstorbenen Geschäftspartners Jacob Marley. Diese Erscheinung tut Scrooge zunächst als „Humbug" ab. Es folgen jedoch weitere Sinneswahrnehmungen, die sich nicht mehr als Täuschung abtun lassen: Alle Glocken des Hauses beginnen gleichzeitig zu läuten, dann ertönt aus dem Keller das Rasseln von Ketten, bis schließlich Marleys Geist vor ihm steht.

Dieser erklärt Scrooge, dass er gezwungen ist, als Geist ruhelos über die Erde zu wandern, um für seine Habgier und Hartherzigkeit zu Lebzeiten zu büßen. Nun ist er gekommen, um seinen ehemaligen Teilhaber zu warnen: Drei Geister sollen Scrooge in den folgenden drei Nächten heimsuchen. Nur wenn er diesen unheimlichen Besuchern folgt, wird er eine Chance haben, Marleys Schicksal zu entgehen.

Als Scrooge dem sich entfernenden Geist nachschaut, sieht er für einen kurzen Moment eine Vielzahl ähnlicher Spukgestalten, die durch London irren und jämmerlich klagen, weil sie den armen und elenden Menschen dort nicht helfen können. Doch dann sehen die Straßen wieder aus wie immer. In einem Zustand zwischen Wachen und Träumen geht Scrooge zu Bett und fällt in einen tiefen Schlaf.

Zu den Kopiervorlagen

KV Seite 13 **Ebenezer Scrooge**

Um die Wandlung der Hauptfigur vom unmenschlichen, geizigen „Blutsauger" zum herzensguten, freigebigen Menschenfreund nachvollziehen zu können, ist es wichtig, dass sich die Schüler ein Bild von Ebenezer Scrooge machen.

Auf dieser Kopiervorlage setzen sich die Schüler mit der einleitenden Charakterisierung durch den allwissenden Erzähler auseinander. Zunächst setzen sie ihre persönliche Vorstellung vom äußeren Erscheinungsbild Scrooges zeichnerisch um. Vor allem ist es interessant zu vergleichen, wie schwierigere Textstellen („Raureif auf seinem Haupt") aufgegriffen werden.

Mit der zweiten Aufgabe werden die Schüler an die bildhafte Sprache des Erzählers herangeführt. Gegebenenfalls können sie weitere Vergleiche finden, die Scrooge angemessen beschreiben.

In der dritten Aufgabe müssen die Schüler aus vorgegebenen Adjektiven die zu Scrooge passenden auswählen. Hier sind durchaus unterschiedliche Ergebnisse erwünscht. So kann die negative Darstellung des Erzählers relativiert werden: Vielleicht sehen einige Schüler in Scrooges Geschäftssinn auch etwas Positives oder empfinden mit dem einsamen Mann Mitleid.

Diese Einschätzung kann nach Abschluss der Lektüre des ersten Kapitels ergänzt oder revidiert werden. Ferner kann herausgearbeitet werden, inwiefern das äußere Erscheinungsbild Scrooges und seines Kontors bzw. seiner Wohnung bildhaft für den Charakter und die Handlungsweise Scrooges steht.

Lösung

- [X] Feuerstein: hart, scharf
- [X] Regen: einer Bitte wenig zugänglich
- [X] Wind: schneidend
- [X] Auster: verschlossen, selbstgenügsam, ganz für sich
- [X] Schnee: erbarmungslos

Eigenschaften, die Scrooge nicht zugeordnet werden können: menschlich, fröhlich

 Geister kündigen sich an

Auf dieser Kopiervorlage machen sich die Schüler Gedanken darüber, was eine „gespenstische" Atmosphäre ausmacht. Zunächst suchen sie aus dem Text heraus, wie sich Marleys Geist ankündigt. Das Zitat eines Geisterbahnbetreibers soll dazu anregen, von eigenen Erfahrungen zu berichten: In welchen Situationen haben sich die Schüler schon einmal gegruselt? Was lässt einen gruseln? Auf der Grundlage dieses Erfahrungsaustauschs werden die Schüler selbst zu Autoren und schreiben eine gespenstische Szene. Anschließend sollten die Geschichten vorgetragen und gemeinsam besprochen werden. Auch die Auswahl der vorgegebenen Wörter in den Spalten (Handlung, Farbe, Gefühl, Zeit, Wetter, Ort) kann diskutiert werden: Gibt es z. B. Orte oder Zeiten, in denen eine gespenstische Atmosphäre besonders gut oder gar nicht denkbar ist?

Weiterführend können die Schüler selbst zu „Geisterbahnbetreibern" werden und versuchen eine geisterhafte Atmosphäre zu schaffen (siehe „Kreativ aktiv").

Lösung

- Der Türklopfer verwandelt sich in Marleys Gesicht.
- Nachdem die Tür zugeschlagen ist, erklingen Echos durchs ganze Haus.
- Auf der Treppe sieht Scrooge einen Leichenwagen vor sich herfahren.
- Alle Glocken des Hauses erklingen und verstummen gleichzeitig.
- Aus dem Lagerkeller des Weinhändlers dringt das Rasseln von Ketten herauf.
- Die Kellertür fliegt mit dumpfem Dröhnen auf.
- Ein klirrendes Geräusch nähert sich Scrooges Zimmertür.

 Marleys Geist stellt sich vor

Die Textstelle, in der die Begegnung zwischen Scrooge und Marleys Geist beschrieben wird (Seite 25 – 33), ist sprachlich und inhaltlich nicht leicht zu verstehen. Lassen Sie die Schüler zunächst ohne das Buch arbeiten. So wird deutlich, was sie behalten und verstanden haben, ohne dass direkt aus dem Text abgeschrieben wird. In einem zweiten Durchgang können die Ergebnisse untereinander ausgetauscht und mithilfe der Lektüre überprüft werden.

Anschließend können die Schüler selbst in die Rolle des Geistes schlüpfen und sich in einem kurzen, möglichst schaurigen Vortrag präsentieren. Einen weiterführenden Arbeitsauftrag zur Symbolik der Ketten finden Sie unter „Kreativ aktiv".

Lösung

Marleys Geist trägt eine Weste, eine enge Hose und hohe Stiefel mit Troddeln. Er hat einen Zopf. Er zieht eine Kette aus verschiedenen Geschäftsgegenständen hinter sich her, z. B. Geldkassetten, Verträge und schwere Börsen aus Stahl. Sein Körper ist durchsichtig, seine Augen sehen starr und tot aus. Um Kopf und Kinn hat er ein Tuch gebunden.

- [X] Er hat sich nicht für seine Mitmenschen interessiert.
- [X] Ihm war es nur wichtig, möglichst viel Geld zu verdienen.

Du musst drei Geister empfangen, sonst blüht dir dasselbe Schicksal wie mir.

 Gespenstergeschichten aus der Kiste

Die Schüler sollen nach weiteren Gespenstergeschichten suchen und ihre Lieblingsgeschichte der Klasse als „Geschichte aus der Kiste" vorstellen. Weiterführende Informationen und Literaturhinweise zum Konzept der „Lesekiste" finden Sie auch im Internet unter *www.lesefoerderung.de/lesekisten*.

Bei den Gespenstergeschichten, die die Schüler vorstellen, kann es sich um kurze Erzählungen, aber auch um etwas umfangreichere Bücher handeln. Wahrscheinlich wird ein nicht geringer Teil der vorgestellten Geschichten aus dem Bereich der populären Spannungs- und Horrorliteratur für Kinder kommen. Darum kann es sinnvoll sein, wenn von Lehrerseite bewusst noch einige andere Erzählungen eingebracht werden.

Denkbar wären in diesem Zusammenhang z. B. „Das Geisterschiff" von Wilhelm Hauff, „Das Gespenst von Canterville" von Oscar Wilde, „Das kleine Gespenst" von Otfried Preußler – auch wenn dieses Buch für etwas jüngere Leser gedacht ist – oder die Sage vom „Fliegenden Holländer".

Gesprächs- und Schreibanlässe

Bewerbungsschreiben

Der Schreiber Bob Cratchit hat mit Ebenezer Scrooge keinen einfachen Chef. Er versucht eine Stelle bei einem anderen Geschäftsmann in der Londoner City zu bekommen. Schreibe sein Bewerbungsschreiben.

(Auch wenn Bob Cratchit berechtigten Grund zur Klage hat, weiß er, dass es in einer Bewerbung nicht empfehlenswert ist, über den bisherigen Chef zu schimpfen. Die Gründe für seinen Wunsch nach einem Stellungswechsel sollten darum möglichst sachlich dargestellt werden. Wichtig ist außerdem, dass Cratchit seine eigenen Fähigkeiten und seine Berufserfahrung positiv hervorhebt.)

Fred erzählt

Fred hat vergeblich versucht, seinen Onkel zum Weihnachtsessen einzuladen. In einem Brief an seine Cousine Ellen erzählt er von seinem Besuch bei Ebenezer Scrooge. Schreibe diesen Brief.

Marleys Tagebuch

Zu seinen Lebzeiten hat Marley ein Tagebuch geführt. Damals sah er seine Lebensweise und seine Art, Geschäfte zu machen, ganz anders als jetzt als Geist. Verfasse einen kurzen Tagebucheintrag vom 24. Dezember zehn Jahre zuvor, in dem diese Haltung deutlich wird.

Kreativ aktiv

Geisterzimmer

Gestaltet euren Klassenraum als „Geisterzimmer". Erstellt im Kunst- bzw. Werkunterricht gruselige Gegenstände oder Bilder, mit denen ihr eure Besucher erschrecken könnt. Am Ende einer Projektwoche oder beim nächsten Schulfest könnt ihr Führungen durch eure Geisterwelt veranstalten.

Gänsehautkonserve

Zu einem echten Geisterzimmer gehören auch die entsprechenden Geräusche. Im Musikunterricht kann eine CD mit gespenstischen Geräuschen (Heulen des Windes, Kettenrasseln, Knarzen von Dielenbrettern usw.) aufgenommen werden. Diese Geräusche könnt ihr natürlich auch mithilfe von Instrumenten „live" erzeugen.

Ein Geist taucht auf

Wie verhältst du dich in unheimlichen Situationen, z. B. wenn du vor etwas Angst hast, das du nicht sehen kannst? Spiele vor.

Die etwas andere Kette

Die Bestandteile von Marleys Kette sind das Ergebnis eines Lebens, das nur auf geschäftlichen Gewinn ausgelegt war. Welcher Gegenstand steht deiner Meinung nach für ein erfülltes, freundliches, liebevolles Leben? Zeichne ihn auf oder bringe ihn von zu Hause mit. Tragt eure Gegenstände zusammen und erstellt daraus eine Kette, die jeder gerne tragen würde.

Die Welt des Ebenezer Scrooge

Die Erzählung „Eine Weihnachtsgeschichte" spielt in London während der ersten Hälfte des 19. Jahrhunderts. Informiere dich im Internet oder in Büchern, welche wirtschaftlichen und gesellschaftlichen Zustände zu dieser Zeit in London herrschten, und halte darüber ein Kurzreferat (siehe auch KV „Londons Schattenseite", Seite 33).

Die Industrialisierung und ihre Folgen

Die Industrialisierung hat in England etwas früher eingesetzt als in Deutschland, nämlich bereits Mitte des 18. Jahrhunderts. Begünstigt wurde dies durch billige Baumwollimporte aus den Kolonien sowie technische Neuerungen, wie die 1769 von James Watt erfundene Dampfmaschine. Es entstanden große Bergwerks- und Industriebetriebe.

Eine Folge dieser Entwicklung war die zunehmende Urbanisierung der Gesellschaft: Immer mehr Menschen, vor allem Kleinbauern und Landlose, zogen in die Stadt. Dort hofften sie Arbeit zu finden. Da es jedoch damals noch keine Gesetze gab, die einen angemessenen Lohn, menschliche Arbeitszeiten, Alters- oder Unfallversicherung verlangten, waren die Arbeiter der Willkür der Fabrikbesitzer ausgeliefert. Auch Maßnahmen zur Sicherung des Arbeitsplatzes waren nicht vorgeschrieben. So kam es in den Fabriken häufig zu Unfällen, bei denen Menschen starben. Wer nicht mehr arbeiten konnte, wurde nicht selten sofort entlassen. Auch wer sich gegen seinen Arbeitgeber auflehnte und versuchte eine Verbesserung durchzusetzen, riskierte den Verlust seines Arbeitsplatzes. Umweltschutz war ebenfalls noch kein Thema. Oft lagen graue Wolken von Industrieabgasen über der Stadt, auch sauberes Trinkwasser war kaum zu bekommen. Dadurch wurde die Ausbreitung von Krankheiten begünstigt.

Viele der Wohlhabenden waren der Ansicht, dass die Geringverdiener ihre Armut selbst verschuldet hätten. Diese Denkweise war in England ausgeprägter als in Deutschland.

Ebenezer Scrooge

 Auf den Seiten 10/11 stellt der Erzähler die Hauptfigur Ebenezer Scrooge vor. Lies noch einmal nach, wie Scrooge aussieht und welche Eigenschaften er besitzt.

Was erfährt man über Scrooges Aussehen? Schreibe mit deinen eigenen Worten auf die Linien. Zeichne Scrooge, wie du ihn dir vorstellst, in den Rahmen.

_____

_____

_____

_____

_____

_____

_____

Welche Vergleiche verwendet der Erzähler, um Scrooge zu beschreiben? Kreuze an und schreibe auf die Linien, welche Adjektive in diesem Zusammenhang genannt werden.

☐ Türnagel: _____   ☐ Haifisch: _____

☐ Feuerstein: _____   ☐ Auster: _____

☐ Regen: _____   ☐ Schnee: _____

☐ Blindenhund: _____   ☐ Feuer: _____

☐ Wind: _____   ☐ Stahl: _____

Mit welchen Worten lässt sich Scrooge am besten beschreiben? Kreise passende Adjektive ein. Verwende zwei unterschiedliche Farben für Adjektive, die für dich positive und Adjektive, die für dich negative Eigenschaften bezeichnen.

unfreundlich	angesehen	gefühllos	fleißig	unglücklich
einsam	eigenbrötlerisch	intelligent	fröhlich	zielstrebig
geizig	gierig	kaltherzig	menschlich	geschäftstüchtig

Geister kündigen sich an

✏️ Bereits bevor Marleys Geist auftaucht, hat Ebenezer Scrooge eine seltsame Vorahnung.
Was lässt in ihm den Verdacht keimen, dass etwas Gespenstisches bevorsteht?
Schreibe auf die Linien. Lies gegebenenfalls noch einmal auf den Seiten 20–25 nach.

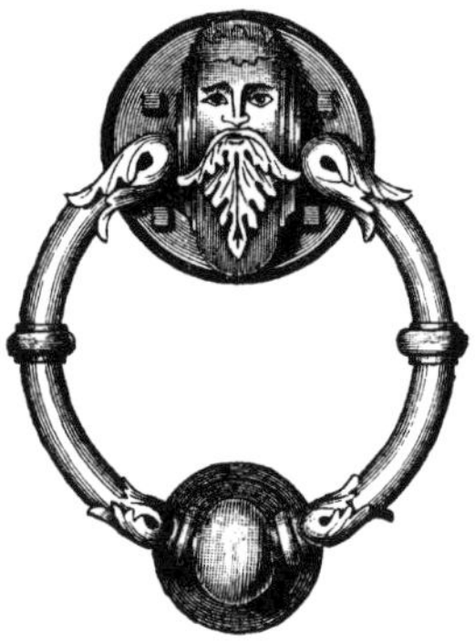

_____

_____

_____

_____

_____

👥 „Noch unheimlicher als alle Skelette und Furcht einflößenden Figuren ist es für viele
Menschen, wenn sie spüren, dass etwas da ist, sie aber nicht sehen können, was es ist."
Sprecht über diese Aussage eines Geisterbahnbetreibers. Fallen euch auch Erlebnisse
ein, die dazu passen?

✏️ Schreibe den Beginn einer Gespenstergeschichte in dein Heft. Versuche mithilfe der
Wörter aus der Turmuhr eine möglichst „gespenstische" Stimmung zu schaffen. Wähle
aus jeder Spalte mindestens ein Wort aus.

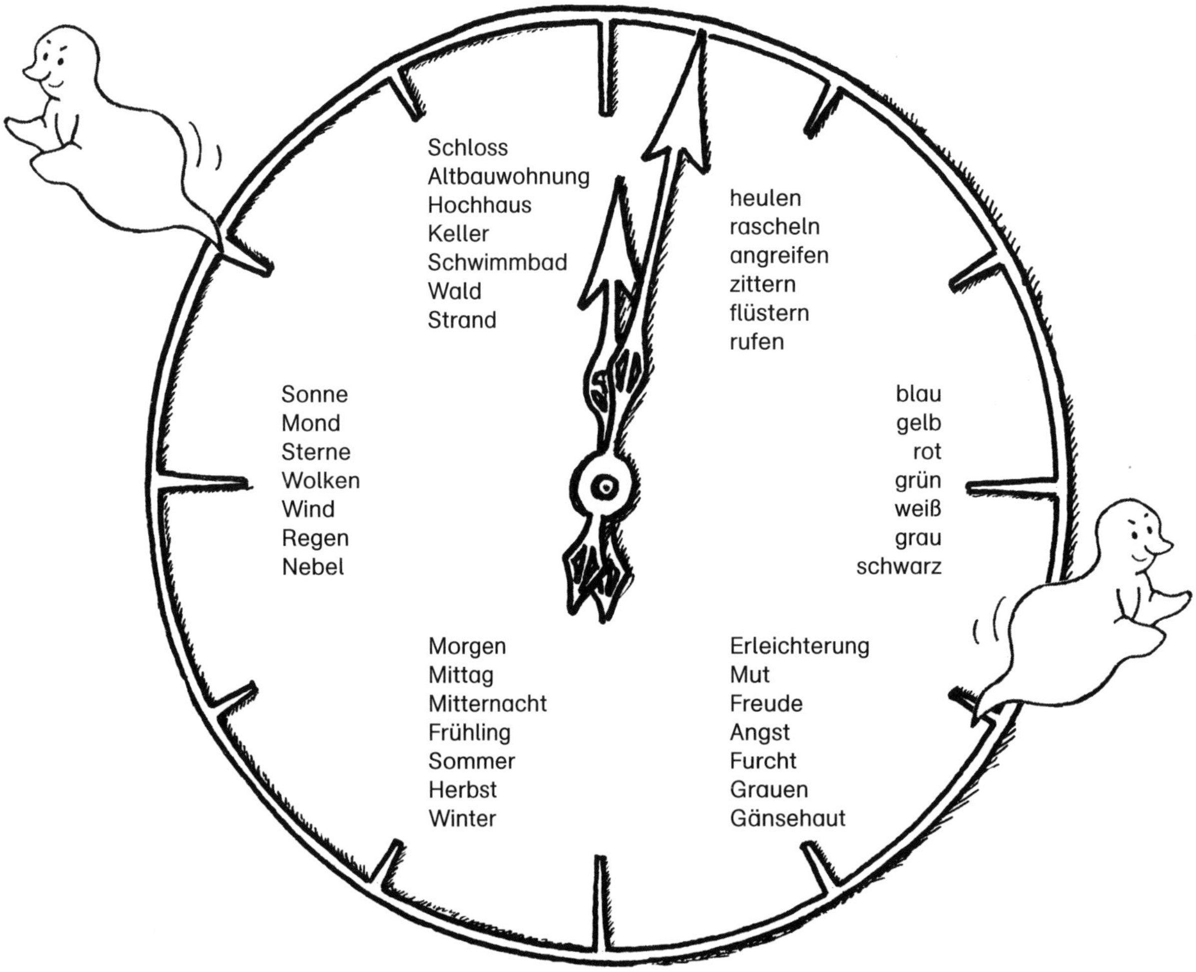

Schloss
Altbauwohnung
Hochhaus
Keller
Schwimmbad
Wald
Strand

heulen
rascheln
angreifen
zittern
flüstern
rufen

Sonne
Mond
Sterne
Wolken
Wind
Regen
Nebel

blau
gelb
rot
grün
weiß
grau
schwarz

Morgen
Mittag
Mitternacht
Frühling
Sommer
Herbst
Winter

Erleichterung
Mut
Freude
Angst
Furcht
Grauen
Gänsehaut

Marleys Geist stellt sich vor

✏️➤ Erinnerst du dich noch, wie Marleys Geist aussieht? Beschreibe ihn möglichst genau. Die Abbildung kann dir dabei helfen.

Marleys Geist trägt _____

_____

_____

_____

_____

_____

✏️➤ Welches Fehlverhalten zu Lebzeiten wird Jacob Marley vorgeworfen? Kreuze die passenden Antworten an.

☐ Er hat Geld gestohlen.

☐ Er hat sich nicht für seine Mitmenschen interessiert.

☐ Er hat sich nicht um seine Eltern gekümmert, als sie krank wurden.

☐ Ihm war es nur wichtig, möglichst viel Geld zu verdienen.

✏️➤ Marleys Geist will Ebenezer Scrooge etwas Wichtiges mitteilen. Vervollständige den Satz, sodass Marleys Botschaft sichtbar wird.

Du musst _____ ,

sonst _____ !!

Schlüpfe in die Rolle von Marleys Geist: Stell dich mit eigenen Worten der Klasse vor. Sage etwas über dein Aussehen, über deine Vergehen zu Lebzeiten und über deine Mission bei Scrooge. Versuche deine Mimik, Gestik und Sprechweise der eines Geistes anzupassen.

Gespenstergeschichten aus der Kiste

 Gestalte zu einer Gespenstergeschichte, die dir besonders gut gefällt, eine „Erzählkiste".

Du brauchst:

- einen Karton (Schuhkarton o. Ä.)
- buntes Papier zum Bekleben (Geschenkpapier, bunte Pappe o. Ä.)
- Klebstoff, Schere
- Buntstifte, Wasserfarben oder Filzstifte zum Beschreiben und Bemalen

So wird's gemacht:

1. Lege den Karton innen mit Papier aus.

2. Beklebe deinen Karton außen mit Papier. Bemale oder schmücke ihn „gespenstisch", sodass er zu deiner Geschichte passt.

3. Schreibe den Titel und den Autor der Geschichte oder des Buches auf den Deckel.

4. Fülle den Karton mit Dingen, die zu der Geschichte passen und die dir dabei helfen, sie der Klasse näherzubringen. Zum Beispiel:
   - Gegenstände, die in der Geschichte eine wichtige Rolle spielen
   - Bilder, die du zu einzelnen Szenen der Geschichte gemalt hast
   - eine kurze Inhaltsangabe (Achtung: Nicht den Schluss der Geschichte verraten!)
   - Informationen über den Autor
   - ein Bild des Autors, das du im Internet gefunden hast
   - deine Lieblingsstelle aus der Geschichte, die du abgeschrieben und illustriert hast
   - einen Brief an eine Figur des Buches
   - Spielzeugfiguren, mit denen man die Geschichte nachspielen kann

 Stell der Klasse deine Lieblings-Gespenstergeschichte mithilfe der Erzählkiste vor.

Zweites Kapitel: Der erste der drei Geister

Inhalt

Als Scrooge wieder erwacht, ist er zunächst völlig verwirrt: Die Uhr hat eben zwölf geschlagen, aber draußen ist es völlig dunkel. Hat er etwa bis in die nächste Nacht hinein geschlafen? Oder ist die Uhr stehen geblieben? Scrooge weiß es nicht. Im Halbschlaf zählt er die Viertelstunden, die die Uhr schlägt. Endlich ist es ein Uhr – für diese Zeit hat Marleys Geist den ersten der drei Geister angekündigt, die Scrooge besuchen sollen. Zunächst passiert gar nichts. Scrooge will schon triumphieren. Doch da erscheint tatsächlich der erste Geist. Er ist wenig furchterregend, da er trotz seiner greisenhaften Erscheinung nur die Größe eines Kindes hat. Am einprägsamsten ist der Lichtstrahl, der aus dem Kopf des Geistes emporschießt und alles um ihn herum erhellt. Nachdem sich die Erscheinung als „Geist von Scrooges vergangener Weihnacht" vorgestellt hat, nimmt sie den anfangs widerwilligen Scrooge mit auf eine Reise in die Vergangenheit:

Zunächst führt sie den alten Mann an den Ort, wo dieser zur Schule gegangen ist. Unterwegs sehen sie viele fröhliche Menschen, die einander Weihnachtsgrüße zurufen. Da es sich jedoch nur um „Schatten" der Vergangenheit handelt, können sie – wie der Geist erklärt – die beiden Zuschauer nicht wahrnehmen. Im Internat sehen sie den kleinen Ebenezer Scrooge, der – sogar an Weihnachten von seiner Familie vernachlässigt – allein in der Schule zurückgeblieben ist. Der Junge ist in ein Buch versunken. Dabei erscheinen die Gestalten aus den Geschichten jeweils kurz als Fantasiebild – ähnlich wie eine Fata Morgana. Scrooge ist zunehmend gerührt, während er sein früheres Ich betrachtet. Er bedauert sogar, dem Jungen, der am Vortag vor seiner Tür Weihnachtslieder gesungen hat, kein Geld gegeben zu haben.

Der Geist führt Scrooge nun zu einem weiteren Weihnachtstag: In dem gleichen Schulzimmer sehen sie Ebenezer Scrooge, der ein wenig älter geworden ist, im Schulzimmer auf und ab gehen. Plötzlich taucht Scrooges kleine

Schwester Fanny auf, die den Vater überzeugt hat, dass ihr Bruder nicht mehr im Internat wohnen muss und das Weihnachtsfest mit der Familie zu Hause verbringen kann. Fanny ist, wie der Geist zu Scrooges Unwillen genau weiß, später als verheiratete Frau gestorben. Scrooges Neffe Fred, den der alte Mann am Vortag so unfreundlich abgewiesen hat, ist ihr Sohn.

Ein weiteres Weihnachtsfest wird „besucht": Diesmal treffen der Geist und sein Begleiter auf den jugendlichen Ebenezer Scrooge, der Lehrling in einem Warenhaus ist. Zu Weihnachten veranstaltet Ebenezers Chef, der Kaufmann Fezziwig, ein großes Fest, bei dem nicht nur seine Familie, die beiden Lehrlinge und die Hausbediensteten, sondern auch Bedienstete aus der Nachbarschaft ausgelassen feiern, spielen und tanzen. Der junge Scrooge und sein Mitlehrling Dick machen fröhlich mit und der alte Scrooge wird immer freudiger und aufgeregter, je länger er das bunte Treiben beobachtet. Auf die despektierlichen Bemerkungen des Geistes, der den Advocatus Diaboli spielt und genau die misanthropische Haltung kopiert, die Scrooge sonst selbst an den Tag legt, reagiert er empört. Er gesteht sogar, dass er angesichts der menschenfreundlichen Art seines ehemaligen Lehrherrn gern einige versöhnliche Worte mit seinem Schreiber wechseln würde.

Ein viertes Weihnachtsfest besuchen Scrooge und der Geist: Wieder sieht Scrooge sein eigenes Ich, dieses Mal als jungen Mann, dessen Gesichtszügen der spätere Geizkragen schon ein wenig anzusehen ist. Der junge Scrooge sitzt neben einem jungen Mädchen, seiner Verlobten. Unter Tränen gesteht diese, dass sie die Verlobung lösen wolle, weil Scrooge sich in der letzten Zeit so verändert habe. Seine Gier nach Reichtum habe ihn zu einem anderen Menschen werden lassen.

Schnell führt der Geist Scrooge zu einem fünften Weihnachtsfest: Hier sieht Scrooge seine ehemalige Braut, die inzwischen einen anderen geheiratet hat, im Kreise ihrer Familie: Vater, Mutter und eine Schar Kinder unterschiedlichen Alters feiern ausgelassen Weihnachten. Scrooge erkennt, wie sich sein Leben hätte entwickeln können, wenn er sich damals für die Liebe zu seiner Verlobten statt für die Liebe zum Geld entschieden hätte.

Daraufhin fleht der alte Mann den Geist an, ihn nach Hause zurückzubringen. Als dieser nicht reagiert, versucht Scrooge vergeblich, die Verbindung zu dem Geist zu „kappen", indem er ihm den metallenen Löschhut auf den Kopf zwingt. Schließlich wird er von unsäglicher Müdigkeit übermannt – und befindet sich wieder in seinem Schlafzimmer.

Zu den Kopiervorlagen

Die Uhr tickt

KV Seite 21

Die Schüler tragen auf einem Zifferblatt ein, wie Scrooge ihrer Meinung nach die letzte Stunde vor dem Erscheinen des ersten Geistes erlebt. Der Protagonist der Erzählung wird ihnen so vertrauter und es wird die Voraussetzung dafür geschaffen, dass die Schüler mit der anfänglich als unsympathisch charakterisierten Person mitfühlen können. Gegebenenfalls können sie zusätzlich Scrooges Stimmung dadurch unterstreichen, dass sie die Viertel der Uhr mit Buntstiften verschiedenfarbig ausmalen.

Mit der zweiten Aufgabe wird der Bezug zur Lebenswelt der Schüler hergestellt. Wahrscheinlich hat jeder schon einmal eine Phase ängstlich-gespannten Wartens erlebt. Wie ist er damit fertiggeworden?

Gespenster-Kartei

KV Seite 22

Mithilfe dieser Kopiervorlage tragen die Schüler die im Text enthaltenen Informationen über die drei Geister zusammen. Sie ist im Anschluss an die jeweilige Textstelle (Seite 37/38: erster Geist, Seite 59–61: zweiter Geist, Seite 90/91: dritter Geist) einsetzbar. Indem die Schüler den jeweiligen Geist malen, werden diese Informationen bildlich umgesetzt. Dieses bietet sich vor allem für den „Geist der vergangenen Weihnacht" an, der in der Lektüre nicht illustriert ist. Hier kann auch ein Vergleich der Schülerbilder ergiebig sein: Welches Attribut stand jeweils im Vordergrund? Die Zuordnung von Eigenschaften geht über die reine Textarbeit hinaus. Weiterführend kann über den Symbolgehalt der Geistererscheinungen gesprochen werden (siehe auch KV Seite 31 und 40).

Lösung

Name: Geist der vergangenen Weihnacht („Geist von Scrooges vergangener Weihnacht")
Aussehen: Größe eines Kindes; greisenhaft; lange, lockige, weiße Haare; faltenloses Gesicht; lange, muskulöse Arme und Hände; zarte, fein geformte Füße
Kleidung und Accessoires: Tunika von reinstem Weiß, mit Sommerblumen verziert; Gürtel von wunderbarem Glanz; grüner, frischer Stechpalmenzweig in der Hand; Löschhut unter dem Arm
Stimme: sanft, wohlklingend, sehr leise
Eigenschaften: kraftvoll, strahlend, vielfältig
Besondere Fähigkeiten und Merkmale: kann seine Gestalt ändern; aus seinem Kopf entspring ein heller Lichtstrahl

(Hinweise zur übertragenen Bedeutung des Geistes
• In der Hand trägt der Geist einen Stechpalmenzweig – Symbol für Weihnachten als solches.

• Er wirkt alt und jung zugleich – alt, weil die vergangenen Weihnachtsfeste bereits viele Jahre her sind, jung, weil Scrooge damals ein Kind bzw. Jugendlicher oder junger Mann war.
• Auf die Jugend und „Unschuld" des damaligen Ebenezer Scrooge weist auch das weiße Hemd mit den eingestickten Sommerblumen hin.
• Das Licht, das dem Kopf des Geistes entspringt, könnte die guten Erinnerungen, die Scrooge mit den zurückliegenden Weihnachtsfesten verbindet, und zugleich die positiven Werte wie Friedfertigkeit und Menschenfreundlichkeit symbolisieren. Dass solche Werte nicht ewig währen können, zeigt der Löschhut, den der Geist bei sich hat. Zugleich zwingt das helle Licht den Betrachter alles zu sehen, ob es ihm gefällt oder nicht.)

Märchenhafte Gestalten

KV Seite 23

Die Schüler informieren sich zunächst über die literarischen Figuren, die dem jungen Ebenezer Scrooge beim Lesen erscheinen. Weiterführend können sie aus den drei Geschichten diejenige auswählen, die sie am meisten anspricht, diese lesen und in Gruppen der Klasse vorstellen.

Auch die dritte Aufgabe soll zum Lesen anregen: Die Schüler stellen ihre Lieblingshelden und deren Geschichte vor und begründen ihre Auswahl. Auf diese Weise erhalten die Mitschüler persönlich gestaltete Buchtipps und entscheiden sich eventuell, die Geschichte selbst zu lesen.

Diese Kopiervorlage kann auch als Vorarbeit für das „Gespräch mit Robinson & Co" (siehe „Kreativ aktiv") dienen.

Lösung
(1) Valentin, Orson
(2) Robinson Crusoe, Freitag
(3) Ali Baba

Der kleine Ebenezer Scrooge wird von seiner Familie vernachlässigt und ist Weihnachten ganz allein. Trost findet er in den Büchern, die er liest. Er vertieft sich so in die Geschichten, dass die Figuren bildlich vor ihm stehen und ihm die fehlende Gesellschaft ersetzen.

Eine Reise in die Vergangenheit

KV Seite 24

Indem die Schüler stichpunktartig notieren, in welcher Situation sich Scrooge auf den verschiedenen Stationen seiner Reise befindet, verschaffen sie sich zunächst einen Überblick über das Geschehen. Auf der Grundlage der Textarbeit der ersten Aufgabe wird in einem Unterrichtsgespräch Scrooges Entwicklung zum „Blutsauger" der Gegenwart nachvollzogen. Hier ist auch Raum für Spekulationen: Ist Scrooges einsame Kindheit im Internat mitverantwortlich für seine spätere Kälte? Warum gelingt es Menschen wie Fanny und Bella nicht, ihn von seinem „Geschäftsweg" abzubringen? Ist Scrooges Beruf Schuld an seiner Veränderung – oder ist es sein Charakter?

Lösung

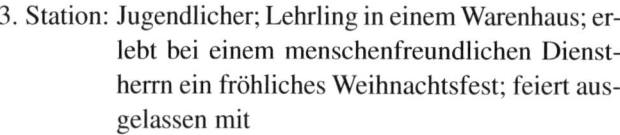

1. Station: Schuljunge; muss Weihnachten allein im Internat bleiben; liest Geschichten, die ihn die Einsamkeit vergessen lassen
2. Station: etwas älteres Kind; wird von seiner jüngeren Schwester Fanny überraschend aus dem Internat abgeholt; darf nach Hause zurückkehren und ist sein eigener Herr
3. Station: Jugendlicher; Lehrling in einem Warenhaus; erlebt bei einem menschenfreundlichen Dienstherrn ein fröhliches Weihnachtsfest; feiert ausgelassen mit
4. Station: junger Mann; denkt bereits nur noch an Geld und Geschäfte; deshalb löst seine Braut die Verlobung mit ihm

KV Seite 25 — Besserung garantiert?

Auf dieser Kopiervorlage setzen sich die Schüler mit der Frage nach der Intention des Geistes und dem Erfolg seiner Mission auseinander. Gegebenenfalls können Sie vor Bearbeitung der ersten Aufgabe anhand geeigneter Textstellen gemeinsam mit den Schülern den Bezug zum ersten Kapitel herstellen. Beim Gespräch mit der Verlobten Bella fehlt dieser Bezug. Hier können die Schüler nur von Scrooges ablehnender Reaktion auf seine Gedanken schließen. In den Gedanken können sowohl Vorsätze für die Zukunft als auch Reue über versäumte Gelegenheiten zum Ausdruck kommen (zu Scrooges Läuterung am Ende der ersten Nacht siehe auch „Gesprächs- und Schreibanlässe").

Mögliche Lösung

1. Ich hätte dem kleinen Sänger gestern etwas Geld geben sollen!
2. Fred ist Fannys Sohn! Ich hätte seine Einladung zum Fest annehmen sollen!
3. Wäre ich doch zu meinem Schreiber großzügiger gewesen!

4. Hätte ich doch Bella geheiratet und mit ihr eine Familie gegründet!

Den Kampf beginnt Scrooge, weil er den Anblick des ihm entgangenen Glücks nicht mehr ertragen kann: Der Geist hat ihm gezeigt, wie seine ehemalige Verlobte, die einen anderen geheiratet hat, mit ihrer Familie Weihnachten feiert. Scrooge sieht, was für eine glückliche Familie er selbst hätte haben können. Als der heimkehrende Familienvater auch noch auf die Einsamkeit Scrooges seit dem Tod seines Partners Marley hinweist, hält Scrooge es nicht mehr aus. Was er sieht und hört, schmerzt ihn zu sehr. Da der Geist ihn auf seinen Wunsch hin nicht sofort fortbringt, beginnt er den Kampf.

Das Licht aus der Krone des Geistes erscheint Scrooge besonders gefährlich, weil es ihm keinen Rückzug erlaubt, sondern allzu deutlich all das zeigt, was Scrooge durch seine Hartherzigkeit und seinen Geiz verloren hat.

KV Seite 26 — Scrooge und die anderen

Auf der Reise in Scrooges Vergangenheit begegnen dem Leser Menschen, die in Scrooges Leben in unterschiedlichen Lebensphasen eine wichtige Rolle gespielt haben. Indem die Schüler diese Figuren der passenden Lebensphase zuordnen und deren „Funktion" im Leben der Hauptfigur benennen, verschaffen sie sich einen Überblick über das Personal der ersten beiden Kapitel (Seite 9–57). Auf diese Weise wird nachträglich auch noch einmal das Textverständnis überprüft. Weiterführend können die Schüler in Standbildern die emotionale Beziehung der Figuren untereinander darstellen.

Lösung

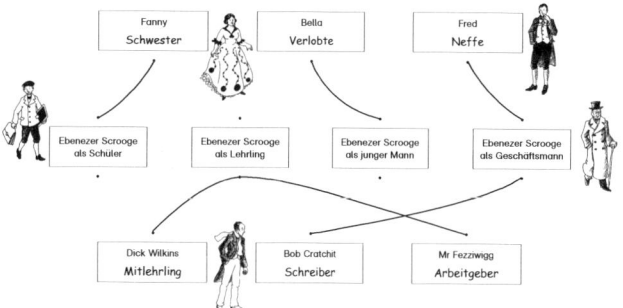

Gesprächs- und Schreibanlässe

Weihnachten in der Schule

Als Kind muss Ebenezer Scrooge über Weihnachten im Internat zurückbleiben, während all seine Mitschüler zu ihren Familien fahren. In einem Brief an seine kleine Schwester Fanny erzählt er, wie es ihm geht und wie er sich fühlt. Schreibe diesen Brief.

Warenhäuser früher und heute

Als Jugendlicher ist Ebenezer Scrooge Lehrling bei einem Kaufmann, der ein Warenhaus besitzt. Vergleiche ein modernes Kaufhaus von heute mit einem Warenhaus, wie es im Text beschrieben ist.

Nichts bleibt für die Ewigkeit

Sowohl der junge Ebenezer Scrooge als auch seine Braut Bella führen Tagebuch. Am Abend nach ihrer Trennung schreiben beide auf, wie es ihnen geht. Verfasse einen dieser Tagebucheinträge.

Ebenezer Scrooge am Ende der Nacht

Die Reise mit dem „Geist der vergangenen Weihnacht" hat Ebenezer Scrooge an verschiedene Stationen seines bisherigen Lebens geführt. Glaubst du, dass das seine Einstellung verändert hat? Begründe deine Meinung.

Kreativ aktiv

Gespräch mit Robinson & Co

Stell dir vor, die Gestalten, die während des Lesens vor Ebenezers Augen erscheinen, könnten mit ihm sprechen. Tu dich mit einem Partner zusammen. Sucht euch eine der folgenden Gestalten aus: Ali Baba, Robinson Crusoe, Freitag, Valentin oder Orson. Tragt diese Unterhaltung als Rollenspiel der Klasse vor.

Weihnachtsgesellschaft bei Fezziwig

Zu der Tanzgesellschaft, die Scrooges Lehrherr zu Weihnachten veranstaltet, kommen viele verschiedene Menschen: die Familie Fezziwig selbst, Ebenezer Scrooge und sein Kollege Dick, die Magd mit ihrem Vetter, die Köchin usw.

Mr Fezziwig wird wegen seiner Freigebigkeit von den Nachbarn verspottet. Vielleicht beschwert sich sogar ein Nachbar, weil er nicht will, dass seine Bediensteten an der Feier bei Fezziwigs teilnehmen.

Überlegt in Partnerarbeit, welche Argumente Mr Fezziwig und welche ein missgünstiger Nachbar vorbringen könnte. Entwickelt einen Dialog und spielt diesen der Klasse als Rollenspiel vor.

Lehrjahre

Du erfährst im Text einiges über Ebenezer Scrooges Zeit als Lehrling. Informiere dich darüber hinaus in Büchern oder im Internet, wie es Lehrlingen im 19. Jahrhundert erging. Wie unterscheidet sich das Dasein eines Lehrlings vor über hundert Jahren von dem eines Auszubildenden heute? Halte ein kurzes Referat zu diesem Thema.

(Unter anderem sollten folgende Punkte angesprochen werden:

- Ein Lehrling musste seinem Lehrherrn ein „Lehrgeld" zahlen, während es heute genau umgekehrt ist: Ein Auszubildender bekommt einen kleinen Lohn für seine Arbeit.
- Im Gegensatz zu heute gab es keinen klar geregelten, verbindlichen Ausbildungsplan und keine begleitende Berufsschule.
- Ein Lehrling wohnte im Haus seines Lehrherrn und galt als Teil der Familie. Üblicherweise bedeutete das vor allem, dass er seinem Herrn und dessen Frau auch zu privaten Dienstleistungen zur Verfügung stehen musste und von diesen für Vergehen bestraft werden konnte – meist durch körperliche Züchtigung.
- Ein eigenes Zimmer bekamen Lehrlinge nur in den seltensten Fällen zugestanden. Normalerweise schliefen sie in der Werkstatt bzw. in den Geschäftsräumen ihres Arbeitgebers.
- Es galt eine strenge Hierarchie: vom Lehrherrn bzw. Meister über Altgesellen, Junggesellen, Lehrling im dritten Lehrjahr, Lehrling im zweiten Lehrjahr bis hin zum Lehrling im ersten Lehrjahr am unteren Ende der Leiter. Diskussionen oder gar Widerspruch waren in den meisten Fällen undenkbar.)

Die Uhr tickt

Als Ebenezer Scrooge aufwacht, schlägt es gerade Mitternacht. Für ein Uhr hat Marleys Geist den
ersten der Weihnachtsgeister angekündigt. Scrooge liegt wach und hört auf die Glockenschläge
der benachbarten Kirchturmuhr. Er zählt die Viertelstunden.

 Schreibe in jedes Viertel der Uhr, was Scrooge wohl in dem betreffenden Zeitabschnitt
denkt und fühlt. Überlege dabei, ob sich seine Stimmung im Laufe der Zeit verändert:
Wird er z. B. aufgeregter oder ruhiger?

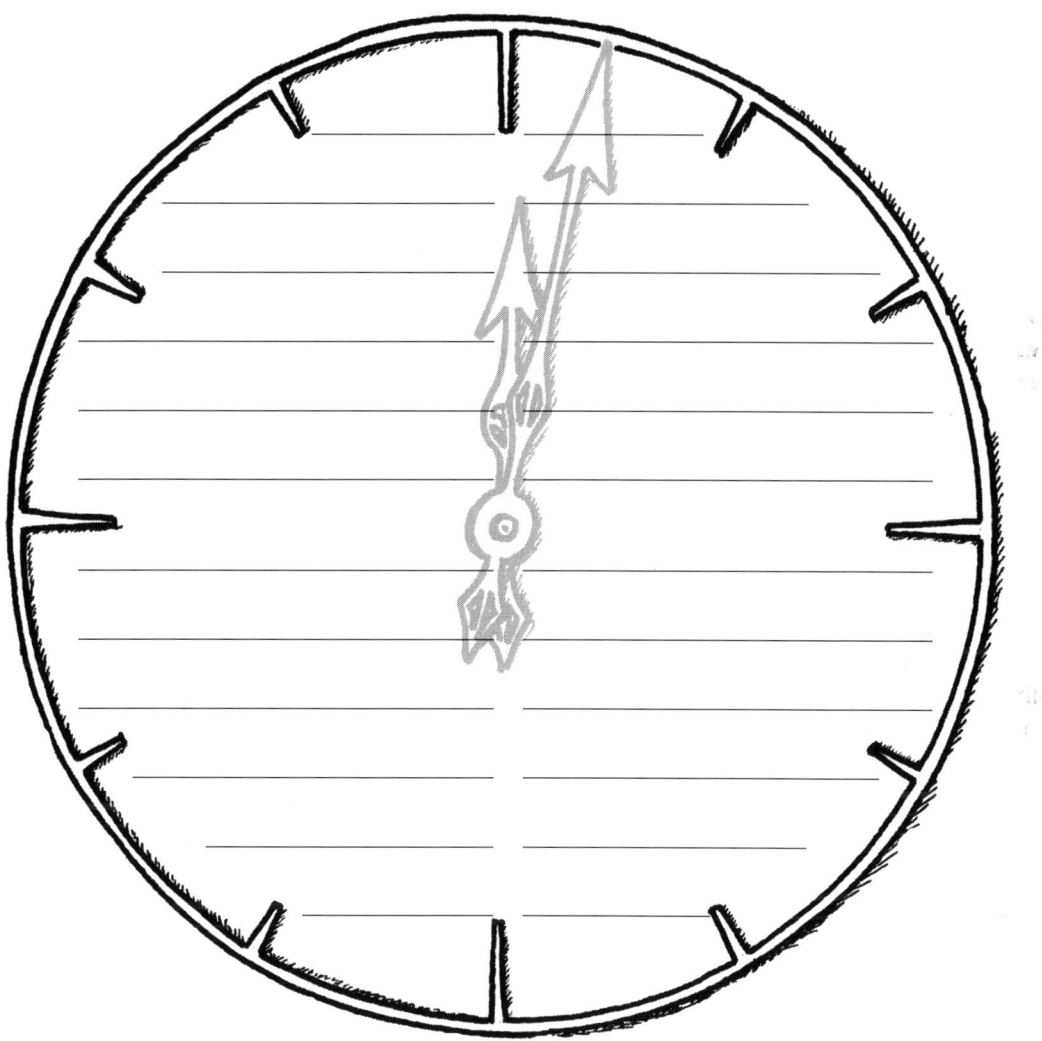

 Hast du auch schon einmal ein bestimmtes Ereignis erwartet und dabei die Minuten
gezählt? Was hast du während des Wartens empfunden? Wie hast du dich beruhigt?
Schreibe auf die Linien.

_____

_____

_____

_____

Gespenster-Kartei

Geist ist nicht gleich Geist. Stell dir vor, es gäbe so etwas wie eine „Gespenster-Kartei", in der alle Geister mit ihren besonderen Eigenschaften und Fähigkeiten verzeichnet sind. Wie sähen da wohl die Karteikarten für Scrooges Besucher aus?

 Fülle mithilfe der Informationen aus dem Buch folgende Karteikarte aus.

Amtlich registriertes Gespenst

Name: _____

Aussehen: _____

_____

_____

_____

Kleidung und Accessoires: _____

_____

_____

Stimme: _____

Eigenschaften: _____

_____

Besondere Fähigkeiten und Merkmale: _____

_____

_____

Märchenhafte Gestalten

Der kleine Ebenezer Scrooge sitzt am Weihnachtstag allein in der Schule und liest. Plötzlich tauchen vor ihm alle möglichen Gestalten aus verschiedenen Büchern auf.

 Ordne die Namen der Figuren den passenden Geschichten zu. Verbinde.

Orson	Robinson Crusoe	Valentin	Ali Baba	Freitag

(1) Zwei Zwillingsbrüder werden als Kinder im Wald ausgesetzt. Während der eine am Hofe des Königs Pippin zum Ritter erzogen wird, wächst der andere in einer Bärenhöhle auf. Als beide Brüder nach Jahren aufeinandertreffen, wird der wilde Waldmensch überwältigt und gezähmt. Von nun an ist er Begleiter und Diener des adligen Bruders. Zusammen befreien sie ihre Mutter aus der Gewalt von Riesen.

(2) Ein junger Kaufmannssohn begibt sich auf eine abenteuerliche Schiffsreise, in deren Verlauf es ihn auf eine einsame Insel im Pazifik verschlägt. Dort muss er sich ohne fremde Hilfe selbst versorgen und sich gegen Menschenfresser verteidigen. Zu seinem treuen Gefährten wird ein junger Eingeborener, der ebenfalls vor den Kannibalen flüchtet. Erst nach 28 Jahren gelingt es dem Abenteurer, die Insel mithilfe eines englischen Schiffes zu verlassen und in die Heimat zurückzukehren.

(3) Ein armer Mann beobachtet eine Räuberbande dabei, wie sie eine hinter einem Felsen verborgene Berghöhle betritt. Der Mann verschafft sich Zutritt zu der Höhle und findet dort unglaubliche Schätze vor. Zwei Säcke Gold nimmt er mit. Sein Bruder kommt ebenfalls hinter das Geheimnis und will sich bereichern, wird aber von den Räubern entdeckt und erschlagen. Als der Mann den Leichnam findet und beerdigt, wird auch er von den Räubern verfolgt. Mithilfe der schlauen Sklavin Morgiane gelingt es ihm nach und nach, die Räuberbande zu überwältigen.

 Wieso kann der kleine Ebenezer Scrooge die Fantasiegestalten aus seinen Büchern sehen? Sprecht darüber.

 Wer ist dein „Lieblingsbuchheld"? Zeichne ihn auf einen gesonderten Zettel. Schreibe daneben, was diese Figur erlebt hat und warum du sie magst. Stelle sie dann der Klasse vor. Achtung: Vielleicht wollen deine Mitschüler die Geschichte auch noch lesen. Verrate also nicht das Ende!

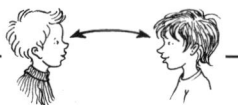

Eine Reise in die Vergangenheit

Auf vier Stationen während der Reise mit dem „Geist der vergangenen Weihnacht" begegnet Scrooge seinem früheren Ich.

 Schreibe in jeden Kasten stichpunktartig, in welcher Situation sich Scrooge jeweils befindet.

1. Station:

Schuljunge; _____

_____

_____

2. Station:

_____

_____

_____

3. Station:

_____

_____

_____

_____

4. Station:

_____

_____

_____

 Wie ist Scrooge zu dem geworden, der er jetzt ist? Vollziehe die Stationen in Scrooges Leben noch einmal nach und beschreibe seine Entwicklung.

Besserung garantiert?

 Der Geist unternimmt die Reise in Scrooges Vergangenheit, damit sich dieser bessert. Gelingt die Mission? Lies im Buch auf den Seiten 40–57 nach und begründe deine Meinung.

 Was geht Scrooge nach dem Betrachten der vier Szenen aus seiner Vergangenheit jeweils durch den Kopf? Schreibe seine Gedanken in die Gedankenblasen.

1. _____
_____
_____
_____

2. _____
_____
_____
_____

3. _____
_____
_____
_____

4. _____
_____
_____
_____

 Warum versucht Scrooge gegen den Geist zu kämpfen und ihm den Löschhut aufzusetzen? Erkläre mit eigenen Worten.

_____
_____
_____
_____

Scrooge und die anderen

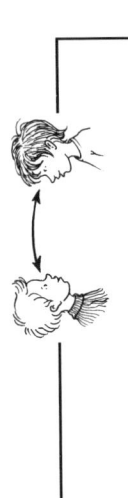

✏️ Verbinde die Namen der Figuren mit der passenden Lebensphase Scrooges.
Schreibe dann auf die Linien, in welcher Beziehung die jeweilige Figur zu Scrooge steht.

Fred

Bella

Fanny
Schwester

•

•

•

Ebenezer Scrooge
als Geschäftsmann •

Ebenezer Scrooge
als junger Mann •

Ebenezer Scrooge
als Lehrling •

Ebenezer Scrooge
als Schüler •

Mr Fezziwigg

Bob Cratchit

Dick Wilkins

 Was hat Scrooge mit diesen Personen genau erlebt? Gibt es noch andere Menschen, die für ihn von Bedeutung sind?
Sprecht darüber.

Drittes Kapitel: Der zweite der drei Geister

Inhalt

Als Ebenezer Scrooge aus dem Schlaf erwacht, ist es wieder dunkel und die Glocke schlägt abermals ein Uhr. Es ist genau der Zeitpunkt, für den das Erscheinen des zweiten Geistes angekündigt ist. Scrooge ist auf alles gefasst, aber zunächst geschieht gar nichts. Nach mehr als einer Viertelstunde begreift er, dass die seltsame rötliche Glut, die das Zimmer erfüllt, aus dem angrenzenden Zimmer kommt. Dort trifft Scrooge auf eine riesenhafte Gestalt,

die sich als „Geist der gegenwärtigen Weihnacht" vorstellt und Scrooge einlädt in den auf einmal weihnachtlich geschmückten Raum einzutreten.

Der lustige Riese sitzt auf einem Thron aus aufgeschichteten Weihnachtsspeisen und hält eine Fackel in der Hand, die wie ein Füllhorn aussieht. Von dieser geht auch das rötliche Licht aus, das Scrooge als Erstes wahrgenommen hat.

Auch dieser Geist nimmt Scrooge mit auf eine Reise, auf der er dem Geschäftsmann zeigt, wie das Fest der gegenwärtigen Weihnacht an unterschiedlichen Orten gefeiert wird: Es ist der Morgen des ersten Weihnachtsfeiertages. Unterwegs sehen die beiden Reisenden die unaussprechliche Weihnachtsfreude, die in der gesamten Stadt London herrscht.

Der erste Zwischenstopp wird in der ärmlichen Wohnung von Scrooges Schreiber Bob Cratchit eingelegt.

Scrooge und der Geist werden Zeugen einer bescheidenen, aber frohen Weihnachtsfeier. Cratchit und seine Frau haben sechs Kinder, von denen eines, genannt Tiny Tim, an einer körperlichen Behinderung leidet und so schwach zu sein scheint, dass Scrooge den Geist ängstlich nach den Überlebenschancen des Jungen fragt. Die Antwort des Geistes macht keinen Mut: Wenn die Zukunft keine besseren Lebensbedingungen für die Cratchits bringe, werde Tiny Tim das nächste Weihnachtsfest nicht mehr erleben. Scrooge erschrickt, vor allem, als der Geist mit Scrooges eigenen Worten darauf hinweist, dass der Tod des Jungen doch nicht weiter tragisch sei, da man auf diese Weise der Überbevölkerung vorbeugen könne.

Auf ihrer weiteren Reise legen der Geist und Scrooge bei einigen anderen Weihnachtsfeiern jeweils einen kurzen Halt ein: im Haus einer Bergarbeiterfamilie, bei zwei Leuchtturmwärtern auf einer einsamen Insel und auf einem Schiff, das auf hoher See unterwegs ist. Schließlich landen sie bei Scrooges Neffen. Hier ist eine fröhliche Feier unter jungen Leuten im Gange. Es wird getanzt und geflirtet. Vor allem aber werden Ratespiele gespielt, an denen sich Scrooge – von den Feiernden unbemerkt – voller Begeisterung beteiligt.

Scrooge besucht im Laufe der Nacht mit dem Geist noch viele weitere Weihnachtsfeste. Während der Geschäftsmann äußerlich unverändert bleibt, altert der Geist zusehends. Als seine Zeit fast um ist, bemerkt Scrooge unter dem Gewand seines Begleiters zwei Gestalten: Es sind zwei kleine Kinder, ein Mädchen und ein Junge, die beide abgemagert, zerlumpt, geduckt und dennoch hinterhältig aussehen. Es sind, wie der Geist erklärt, „Menschenkinder". Ihre Namen lauten Unwissenheit und Mangel. Doch noch während des Gesprächs über diese beiden Geschöpfe schlägt die Glocke. Der „Geist der gegenwärtigen Weihnacht" verschwindet. An seine Stelle tritt – genau wie angekündigt – der dritte Geist.

Zu den Kopiervorlagen

Der Geist der gegenwärtigen Weihnacht

Auf dieser Kopiervorlage wird die symbolische Bedeutung des Aussehens und der „Ausstattung" des Geistes untersucht. Indem die Schüler dem Geist Eigenschaften zuordnen, die sie anschließend mithilfe des Textes belegen, stellen sie diesen Bezug zunächst selbst her. Inwieweit die Schüler die etwas schwierigere dritte Aufgabe selbstständig lösen können, hängt von ihrem Vorwissen über Symbole (z. B. die Farbsymbolik) ab. Die Bedeutung der wahrscheinlich unbekannten Begriffe „Stechpalme" und „Füllhorn" können die Schüler vorab selbst recherchieren. Ansonsten bietet sich ein anschließendes Unterrichtsgespräch an, in dem die Zusammenhänge zwischen Gegenstand und Symbolik genauer erläutert werden.

Lösung

Der Geist ist ein lustig aussehender Riese, der in lässiger Haltung auf einem aus weihnachtlichen Speisen errichteten Thron sitzt. Sein ganzes Aussehen und seine Haltung stehen für die Feierfreude und die Festtagslust, die ganz im Jetzt lebt und weder an gestern noch an morgen denkt. Das üppige Haar, der lange Bart und die nackte Brust – der Geist ist nur mit einem dunkelgrünen Umhang bekleidet – geben der ganzen Gestalt etwas ausgelassen Dionysisches. Adjektive, die dem Geist zugeordnet werden können: offen, freigebig, freundlich, fröhlich, kraftvoll, herzlich, friedlich.

Die Farbe Grün steht für Hoffnung und Leben.
Das Füllhorn steht für Fruchtbarkeit, Reichtum und Überfluss.
Die Stechpalme steht für das Weihnachtsfest als Fest der Hoffnung und der Wiedergeburt.
Ein Eiszapfen steht für die Jahreszeit Winter.
Eine Schwertscheide ohne Schwert steht für den Frieden.

Geschäfte zur Weihnachtszeit

KV Seite 32

Mit dieser Kopiervorlage können die Schüler Gemeinsamkeiten und Unterschiede des vorweihnachtlichen Einkaufs früher und heute herausarbeiten. Die persönliche Wahrnehmung der Schüler kann durch eine einleitende Fantasiereise zum Thema „Gang durch die

vorweihnachtliche Fußgängerzone" unterstützt werden. Die Texte können vorgetragen und verglichen werden.

Für die Bearbeitung der dritten Aufgabe kann auch ein Sammeln von Stichworten im Cluster hilfreich sein. Anschließend erarbeiten die Schüler mithilfe des Textes, wie sich die Vorweihnachtsstimmung in den von Dickens beschriebenen Geschäften ausdrückt. Davon ausgehend werden Gemeinsamkeiten und Unterschiede herausgearbeitet.

In einem sich anschließenden Unterrichtsgespräch können unterschiedliche Schwerpunkte gesetzt werden. Es kann z. B. diskutiert werden, ob der heutige „Konsumrausch" kritisch gesehen werden muss. Um das nötige Hintergrundwissen über die Entwicklung des Einzelhandels zu liefern, bietet sich ein Kurzreferat an. Zu den Ladenöffnungszeiten finden Sie unter „Gesprächs- und Schreibanlässe" auf Seite 30 einen weiteren Arbeitsauftrag.

Mögliche Lösung

In den Geschäften werden unzählige Lebensmittel aus allen möglichen Ländern angeboten. Sie sehen so hübsch und appetitlich aus, dass man einfach zugreifen möchte. Die Menschen – Käufer und Verkäufer – haben alle besonders gute Laune. Nur manchmal gibt es Unfrieden, wenn sich die Leute aus Versehen anrempeln.

bei Dickens	heute
Viele Menschen haben gute Laune.	Viele Menschen sind gestresst und genervt.
Es gibt (überwiegend) kleine Lebensmittelgeschäfte: Gemüsehändler, Geflügelhändler …	In großen Städten gibt es viele Supermärkte und Kaufhäuser, in denen man fast alles kaufen kann. Viele Menschen kaufen auch über das Internet ein.
Die Straßen und Geschäfte sind nicht großartig geschmückt.	Überall blinken einem Weihnachtsschmuck und Werbetafeln entgegen.
Viele Leute kaufen kurz vor Weihnachten noch ein.	Viele Leute kaufen kurz vor Weihnachten noch ein.

London im 19. Jahrhundert

Im 19. Jahrhundert entwickelte sich London zur größten Stadt der Welt und zur Hauptstadt des Britischen Imperiums. In Politik, Finanzwesen und Handel kam ihr eine bedeutende Rolle zu. Bis 1900 stieg die Bevölkerungszahl von 1 Million (um 1800) auf 6,7 Millionen. Dies lag unter anderem an den vielen Einwanderern aus den Kolonien und ärmeren Teilen Europas, besonders aus Irland. Mit der Ausdehnung des Britischen Imperiums breitete sich auch der Wohlstand in der Stadt aus. Auf der anderen Seite entstanden aber große Slums, in denen Millionen Arme und Obdachlose unter unhygienischen Bedingungen ihr Dasein fristeten. Das Abwasser wurde bis Mitte des 19. Jahrhunderts direkt in die Themse geleitet, aus der auch das Trinkwasser entnommen wurde. Daraus folgten angesichts des großen Bevölkerungswachstums regelmäßig Choleraepidemien: Allein 1854 starben daran 10 000 Menschen.

Zeitgenössische Künstler und Literaten griffen diese soziale Problematik in ihren Werken auf: so z. B. Charles Dickens in seinem Roman „Oliver Twist" oder der französische Grafiker und Maler Gustave Doré (1832–1883). Das im Jahr 1872 erschienene Buch „London – A Pilgrimage" ist mit 180 Illustrationen Dorés zu diesem Thema bebildert.

KV Seite 33 — Londons Schattenseite

Dickens „Weihnachtsgeschichte" kann auch gesellschaftskritisch verstanden werden. So ist die Beschreibung des „gegenwärtigen Weihnachtsfestes" in London gespickt mit Anspielungen auf soziale Unterschiede. Der zeitgenössische Stich des französischen Malers Gustave Doré dient als Einstieg in die Thematik. Da vor allem der Hintergrund sehr dunkel ist, bietet es sich an, das Bild auf Folie zu ziehen und gemeinsam im Unterrichtsgespräch zu erschließen. Anschließend können Textstellen gesucht werden, die den hier geschaffenen Eindruck bestätigen. Gegebenenfalls können in einem Lehrervortrag oder in kurzen Schülerreferaten ergänzend Informationen über das Leben im London des 19. Jahrhunderts geliefert werden (siehe auch Infokasten).

KV Seite 34 — Fröhliche Weihnacht überall?

Indem die Schüler zunächst die Stationen der Reise Scrooges mit dem „Geist der gegenwärtigen Weihnacht" nachvollziehen, verschaffen sie sich einen Überblick über den Inhalt des dritten Kapitels. Im Unterrichtsgespräch wird die Textstelle anschließend inter-

---

pretiert. Weiterführend können Sie die „Botschaft" des zweiten Geistes in einem Satz festhalten und illustrieren lassen.

Allen Stationen gemeinsam ist die Herzlichkeit und Freude, mit der das Weihnachtsfest gefeiert wird. Mit den Stationen 2 bis 4 sind bewusst einsame, entlegene, trostlose Orte gewählt, an denen es trotzdem möglich ist, an andere Menschen zu denken und das Fest der Liebe zu feiern. Gerade hier kommt ihm eine besondere Bedeutung zu. Auch fehlende materielle Mittel sind kein Hindernis, das Weihnachtsfest angemessen zu begehen. Das Fest bei Scrooges Neffen ist frei von diesen Einschränkungen. Hier werden dem Leser noch einmal die überschäumende Freude und der Gemeinschaftssinn vor Augen geführt, die sich für Dickens mit diesem Fest verbinden.

Lösung

1. Station: Haus von Familie Cratchit
2. Station: Bergarbeiterhütte
3. Station: Leuchtturm
4. Station: Schiff auf hoher See
5. Station: Weihnachtsfeier von
   Scrooges Neffen

1: mit einem gemeinsamen Weihnachtsessen; 2: in der Familie mit einem Weihnachtslied; 3: zu zweit mit Grog und einem Lied; 4: mit herzlichen Worten und Gedanken an entfernte Freunde; 5: mit Freunden, Essen, Spielen und Musik

KV Seite 35/36 — Spiele zum Weihnachtsfest

Bei Scrooges Neffen Fred werden verschiedene Spiele gespielt, die Ihre Schüler z. B. bei einer Klassenweihnachtsfeier ausprobieren können. Zusätzlich bietet die Kopiervorlage Raum für eigene Spielvorschläge der Schüler.

Für die auf Seite 35 beschriebenen „Pfänderspiele" sollten kleinere Spielgruppen von 6 bis höchstens 15 Spielern gebildet werden. Vorab müssen in jeder Gruppe ein Spielleiter und ein Schatzmeister bestimmt werden. Die Spiele auf Seite 36 können auch mit der gesamten Gruppe gespielt werden.

Gesprächs- und Schreibanlässe

In banger Erwartung

Ebenezer Scrooge wartet auf das Erscheinen des zweiten Geistes, seit die Uhr eins geschlagen hat. Der Geist aber scheint nicht zu kommen. Was geht Scrooge in dieser Zeit durch den Kopf? Schreibe seine Gedanken auf.

„Nur herein, und lerne mich besser kennen, o Mensch!"

Bisher ist Ebenezer Scrooge folgenden Geistern begegnet: dem Geist seines verstorbenen Geschäftspartners Marley, dem „Geist der vergangenen Weihnacht" und dem „Geist der gegenwärtigen Weihnacht". Tritt Scrooge den „Besuchern" immer gleich entgegen oder gibt es Unterschiede in seinem Verhalten?

(Auf Marleys Geist reagiert Scrooge mit verzweifeltem Unglauben. Er versucht sich einzureden, er leide nur an einem Albdrücken infolge zu schweren Essens. Den „Geist der vergangenen Weihnacht" empfängt Scrooge sachlich: Nachdem er fast gehofft hat, alles Vorherige sei wirklich nur ein Traum gewesen, erschrickt er beim Erscheinen dieses Geistes zwar zunächst, ist dann aber in der Lage, ganz sachlich zu fragen, was den Besucher herführe. Dem „Geist der gegenwärtigen Weihnacht" begegnet Scrooge auf Seite 60 fast demütig: „Scrooge trat schüchtern ein und senkte das Haupt vor dem Geist …")

Ladenöffnungszeiten

Scrooge und der Geist sprechen darüber, ob die Geschäfte sonntags und an Feiertagen geschlossen bleiben sollten. Diese Diskussion wird auch heute geführt. Was meinst du dazu – sollten alle Geschäfte sonntags geöffnet sein oder nicht? Begründe deine Meinung.

Weihnachtsfest bei den Cratchits

Bob Cratchits älteste Tochter Martha schreibt wenige Tage später einer Freundin und erzählt von dem Weihnachtsfest im Kreise ihrer Familie. Schreibe diesen Brief.

Tiny Tims Stärke

„Tiny Tim ist schwach und stark zugleich." Stimmt dieser Satz? Lege eine Tabelle an und schreibe in die eine Spalte, inwiefern Tiny Tim schwach ist, in die andere, inwiefern Tiny Tim stark ist.

Unwissenheit und Mangel

Zum Schluss zieht der Geist zwei „Kinder der Menschen" unter seinem Mantel hervor, die er Scrooge als Unwissenheit und Mangel vorstellt.

- Wofür stehen die beiden Kinder? Versuche zu erklären.
- Wieso sind Unwissenheit und vor allem Mangel so gefährlich für die Gesellschaft? Fallen dir Beispiele aus unserer Zeit ein, die bestätigen, dass dies auch heute noch stimmt?

Kreativ aktiv

Eine wundersame Fackel

Die Fackel des „Geistes der gegenwärtigen Weihnacht" hat eine wundersame Wirkung. Tut euch zu dritt zusammen und entwickelt den Dialog für ein Rollenspiel, das ihr dann der Klasse vorspielt: Zwei Menschen (z. B. Ladendieb und Kaufmann) streiten erbittert. Der Geist kommt vorbei und sprüht aus seiner Fackel etwas auf die Streitenden. Sofort kommt es zur Versöhnung.

Wer ist Onkel Ebenezer?

Wer ist Onkel Ebenezer? Ein gemeiner Hund? Oder ein bedauernswerter Trottel? Oder …? Scrooges Neffe Fred, seine Frau und seine Gäste sehen Ebenezer Scrooge ganz unterschiedlich. Verteilt Rollen und entwickelt Dialoge für mindestens drei unterschiedliche Meinungen über Ebenezer Scrooge. Spielt dann die Diskussion bei Fred und seinen Gästen nach.

Unwissenheit und Mangel

Lies auf den Seiten 87/88 noch einmal genau nach, wie die beiden Kinder Unwissenheit und Mangel beschrieben werden.

- Wie hättest du Unwissenheit oder Mangel bildlich dargestellt? Wähle einen der beiden Begriffe aus und zeichne ihn.
- Abstrakte Begriffe werden häufig als Personen dargestellt, damit man sie sich besser vorstellen kann. Wähle einen der folgenden Begriffe aus: Gerechtigkeit, Liebe, Hass, Faulheit, Ungeduld. Zeichne eine Person, die diesen Begriff verkörpert.
- Denke dir einen eigenen abstrakten Begriff aus und stelle ihn bildlich dar. Lass deine Mitschüler raten. Finden sie heraus, was du darstellen wolltest?

Der Geist der gegenwärtigen Weihnacht

 Welche Adjektive beschreiben den Geist des gegenwärtigen Weihnachtsfestes am besten? Kreise ein.

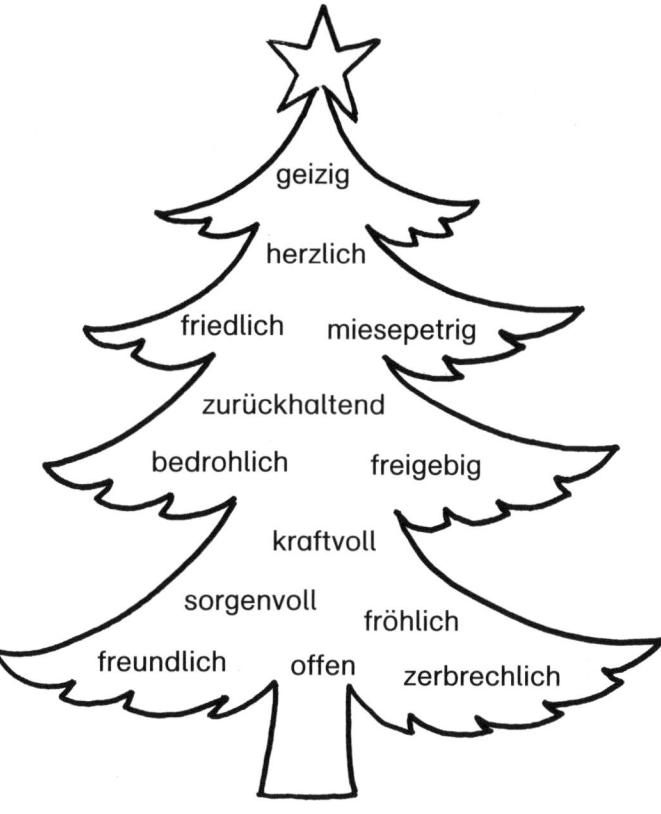

geizig

herzlich

friedlich   miesepetrig

zurückhaltend

bedrohlich   freigebig

kraftvoll

sorgenvoll

fröhlich

freundlich   offen   zerbrechlich

 Vergleicht eure Ergebnisse. Begründet eure Auswahl mithilfe des Textes auf den Seiten 59–61.

 Kleidung und Aussehen des Geistes sind nicht zufällig gewählt, sondern symbolisch zu verstehen. Verbinde die Farben und Gegenstände jeweils mit der passenden symbolischen Bedeutung.

Die Farbe Grün …   •   •   … steht für die Jahreszeit Winter.

Das Füllhorn …   •   •   … steht für den Frieden.

Die Stechpalme …   •   •   … steht für das Weihnachtsfest als Fest der Hoffnung und der Wiedergeburt.

Ein Eiszapfen …   •   •   … steht für Hoffnung und Leben.

Eine Schwertscheide ohne Schwert …   •   •   … steht für Fruchtbarkeit, Reichtum und Überfluss.

 Informiere dich über den Ursprung und die symbolische Bedeutung wichtiger Bestandteile unseres Weihnachtsfestes: z.B. den Adventskranz, den Weihnachtsbaum, den Weihnachtsstern, die Weihnachtsgeschenke. Trage deine Ergebnisse der Klasse vor.

Geschäfte zur Weihnachtszeit

✏️ Der Morgen des 24. Dezembers: Du gehst durch die belebte Fußgängerzone eurer Stadt. Was siehst und erlebst du? Wie begegnen dir die anderen Menschen? Wie fühlst du dich? Schreibe in dein Heft.

📖 Lies im Buch auf den Seiten 63 – 65, wie es am Morgen des ersten Weihnachtsfeiertages im London des 19. Jahrhunderts aussieht.

✏️ Woran erkennt man in der Geschichte, dass es kurz vor Weihnachten ist? Fasse mit eigenen Worten zusammen.

_____

_____

_____

_____

_____

_____

_____

✏️ Vergleiche das „geschäftige Treiben" damals und heute. Trage Gemeinsamkeiten und Unterschiede in die Tabelle ein.

bei Dickens	heute

Londons Schattenseite

Der Künstler Gustave Doré (1832 – 1883) hat dargestellt, wie es im 19. Jahrhundert in einem Londoner Armenviertel aussah.

 Schaut euch das Bild fünf Minuten still an. Dann tauscht euch über das aus, was ihr auf dem Bild gesehen und entdeckt habt. Sammelt die Ergebnisse an der Tafel.

Fröhliche Weihnacht überall?

✏️ Wohin führt der „Geist der gegenwärtigen Weihnacht" Scrooge?
Schreibe auf die Linien.

1. Station: _____

2. Station: _____

3. Station: _____

4. Station: _____

5. Station: _____

✏️ Wie wird an den unterschiedlichen Stationen der Reise Weihnachten gefeiert?
Notiere stichpunktartig.

 Was will der Geist Scrooge an diesen unterschiedlichen Orten wohl zeigen? Worin
bestehen die Gemeinsamkeiten und Unterschiede? Sprecht darüber.

Spiele zum Weihnachtsfest (1)

Pfänderspiele

Bei Pfänderspielen muss der Verlierer einer Runde beim Schatzmeister jeweils ein Pfand (z.B. ein Radiergummi, ein Haarband …) abgeben, das er am Ende des Spiels wieder einlösen kann. Das Einlösen des Pfands geht folgendermaßen: Der Schatzmeister hält nacheinander die Gegenstände hoch, die er im Laufe des Spiels eingesammelt hat, und fragt: „Was soll der tun, dem dieses Pfand gehört?" Der Spielleiter sitzt mit dem Rücken zu den anderen oder hat die Augen verbunden, sieht also nicht, um wessen Pfand es sich handelt. Er stellt eine Aufgabe, die der Betreffende erfüllen muss, um sein Pfand zurückzuerhalten. Aufgaben können z.B. sein: eine Rede über die Unsterblichkeit der Maikäfer halten, das Alphabet rückwärts aufsagen, auf einen Stuhl steigen und dreimal krähen, einen aufgeblasenen Luftballon dreißig Sekunden lang auf der Stirn balancieren, einen Zungenbrecher ohne Stottern aufsagen …

Boden – Nase – Lampe

Bei diesem Spiel geht es darum, ein Wort mit der passenden Geste zu beschreiben. Der Spielleiter macht zunächst einen korrekten Durchgang: Er ruft „Boden" und zeigt nach unten, „Nase" und fasst sich an die Nasenspitze, „Lampe" und zeigt nach oben. Alle Mitspieler machen es ihm nach. Dann bringt der Spielleiter die Dinge durcheinander: Er ruft z.B. „Lampe" und fasst sich dabei an die Nase. Die Mitspieler dürfen sich davon nicht irritieren lassen, sondern müssen korrekt nach oben zeigen. Wer sich fälschlicherweise ebenfalls an die Nase fasst, muss ein Pfand abgeben. Das Spiel wird schwieriger, je schneller es gespielt wird. Es kann auch durch die Einführung weiterer Begriffe mit der passenden Geste erschwert werden (Tafel, linkes Ohr, rechtes Ohr …).

Schlapp hat den Hut verloren

Die Spieler sitzen im Kreis. Sie werden vom Spielleiter „Schlapp" der Reihe nach nummeriert. Dann fängt „Schlapp" an: „Schlapp hat den Hut verloren. Sieben hat ihn." Die Sieben muss sofort reagieren: „Schlapp hat den Hut verloren. Sieben hat ihn nicht. Drei hat ihn." Dann muss der Spieler mit der Nummer Drei weitermachen. Wenn ein Spieler nicht sofort antwortet oder sich verspricht, muss er ein Pfand abgeben. Die Spieler bekommen neue Zahlen und das Spiel beginnt von vorne.

 Kennst du noch andere Pfänderspiele? Schreibe auf.

Mein Spielvorschlag

_____

_____

_____

_____

_____

Spiele zum Weihnachtsfest (2)

Blindekuh

Es wird abgezählt oder ausgeknobelt, wer als Erster die „Blindekuh" ist. Der Spieler bekommt die Augen verbunden und versucht, einen der anderen Spieler zu fangen oder abzuschlagen. Wenn er einen Mitspieler erwischt, muss er mit verbundenen Augen durch Abtasten erraten, um wen es sich handelt. Rät er richtig, ist der Gefangene die nächste Blindekuh.

Wie? Wann? Wo?

Einer der Spieler denkt an ein bestimmtes Ereignis (z.B. den letzten gemeinsamen Schulausflug, die Fußballeuropameisterschaft oder die Ermordung Cäsars). Die anderen dürfen drei Fragen stellen: Wie? Wann? Wo? Diese Fragen müssen wahrheitsgemäß beantwortet werden. Je geschickter der Antwortende ist, desto eher gelingt es ihm, Antworten zu geben, die zwar richtig sind, den anderen bei der Lösung des Rätsel aber doch nicht wirklich weiterhelfen.

Ja und Nein

Einer der Spieler denkt an eine bestimmte Sache. Die anderen stellen ihm Fragen, um herauszubekommen, woran er denkt. Diese Fragen dürfen nur mit „Ja" oder „Nein" beantwortet werden. Derjenige, der den gedachten Begriff errät, ist als Nächster an der Reihe, sich etwas auszudenken.

Begriffs-Pantomime

Es werden zwei Mannschaften gebildet. Im Wechsel stellen eine oder mehrere Personen aus den Mannschaften einen Begriff pantomimisch vor. Die jeweils andere Mannschaft muss raten.

 Hast du noch weitere Ideen, was du zu Weihnachten mit deiner Familie und deinen Freunden oder bei einer Weihnachtsfeier in der Schule gerne spielen würdest? Schreibe auf.

Mein Spielvorschlag

_____
_____
_____
_____
_____
_____

Mein Spielvorschlag

_____
_____
_____
_____
_____
_____

Viertes Kapitel: Der letzte der Geister

Inhalt

Scrooge muss nicht lange überlegen, wer dieser dritte Geist sein könnte: Nach dem „Geist der vergangenen Weihnacht" und dem „Geist der gegenwärtigen Weihnacht" steht nun der „Geist der zukünftigen Weihnacht" vor ihm. Er ist ganz in ein schwarzes Gewand gehüllt, das es unmöglich macht, sein Gesicht oder seine Gestalt zu erkennen. Nur seine Hand, mit der er Scrooge winkt, ihm zu folgen, ist zu sehen.

Wenig später befinden sie sich mitten in der Innenstadt von London – auf der Börse. Da es kurz vor Handelsschluss ist, herrscht ein geschäftiges Treiben. Der Geist bleibt mit Scrooge bei einer Gruppe von Börsenhändlern stehen, die Scrooge recht gut kennt. Die Händler unterhal-

ten sich in gelangweiltem bis abfälligem Tonfall über den Tod eines der Ihren, der aber nur einem einzigen der Anwesenden wichtig genug ist, dass er überlegt, zur Beerdigung des Verstorbenen zu gehen. Der Geist führt Scrooge noch ein weiteres, ähnliches Gespräch vor. Diesem ist zunächst nicht klar, warum der Geist ihn hierhergeführt hat. Er schaut sich um und versucht, irgendwo in dem Getümmel sein eigenes zukünftiges Selbst zu entdecken. Er erwartet nämlich, sich als geläuterten Menschen zu sehen und so Anregungen für sein künftiges Verhalten in der Wirklichkeit zu bekommen. Als er sich selbst nirgendwo sieht, denkt er erleichtert, dass eben die Tatsache, dass er sich zur gewohnten Zeit nicht an der Börse befindet, bereits ein Zeichen seiner erfolgten Läuterung ist.

Von der Börse führt der Geist Scrooge in ein verrufenes Stadtviertel von London. Sie betreten einen kleinen, düsteren Laden, in dem vor allem alter Plunder verkauft wird. Gemeinsam mit einigen Freunden sichtet der Ladenbesitzer das, was diese an Beute und Hehlerware bringen. Entsetzt hört Scrooge zu, wie die Diebe sich damit brüsten, dass sie dies alles aus der Wohnung eines Verstorbenen haben. Selbst die Betttücher haben sie unter dem Leichnam hinweggezogen, um sie zu Geld zu machen. Jeder habe ein Recht, für sich selbst zu sorgen, der Verstorbene habe es auch immer getan, lautet die Rechtfertigung.

Nun führt der Geist Scrooge in das geplünderte Zimmer des Toten. Der Leichnam liegt noch, nur mit einem zerrissenen Leinentuch bedeckt, auf dem kahlen Bett. Scrooge ist zutiefst betroffen, dass hier jemand einsam und unbeweint sterben musste. Als der Geist ihm bedeutet, er möge das zerrissene Leinentuch vom Gesicht des Leichnams wegziehen, wehrt er ab. Er bringt es nicht über sich, dem Toten ins Gesicht zu schauen. Stattdessen bittet er den Geist ihm einen Menschen zu zeigen, der vom Tod des Verstorbenen bewegt ist.

Der Geist erfüllt Scrooge seinen Wunsch, doch ganz anders, als dieser es sich erhoffte: Er zeigt ihm ein verzweifeltes Ehepaar, das immer wieder vergeblich bei dem Verstorbenen um Zahlungsaufschub für eine Schuld gebeten hat. Nun, da ihr hartherziger Gläubiger tot ist, sind sie von dem Schrecken eines drohenden Ruins befreit. Diese beiden sind also bewegt von dem Todesfall, aber sie empfinden keine Trauer, sondern stille Freude und Erleichterung.

Ebenezer Scrooge wird immer verzweifelter. Er fleht den Geist an, ihm wenigstens eine warmherzige Empfindung zu zeigen, die mit einem Todesfall zusammenhängt. Er will sehen, dass es auch Verstorbene gibt, um die getrauert wird. Der Geist führt ihn daraufhin zur Familie seines Schreibers Cratchit, die um den kleinen Tiny Tim trauert. Die ehrliche und liebevolle Trauer hier ist das genaue Gegenteil von dem, was Scrooge bisher gesehen hat.

Doch dann führt der Geist Scrooge zu einem Friedhof. Hier erfährt Scrooge, wer der einsame Tote war, denn er liest auf einem Grabstein seinen eigenen Namen: Ebenezer Scrooge. Verzweifelt bricht Scrooge angesichts dieser Erkenntnis zusammen. Zutiefst aufgewühlt schwört er, dass er sein Leben ändern will, damit ihm eine solche Zukunft erspart bleibt. In seiner Angst ergreift er die Hand des Gespenstes. Doch der Geist verändert sich, sinkt in sich zusammen und verwandelt sich schließlich in einen Bettpfosten.

Zu den Kopiervorlagen

KV Seite 40

Der Geist der zukünftigen Weihnacht

Der „Geist der zukünftigen Weihnacht" ist – wie die bereits vorher untersuchten Geister – mit diversen Symbolen ausgestattet, die zum einen Eigenschaften der Zukunft als solche sind (undurchschaubar, unbekannt, liegt „im Dunkeln") und mit denen sich gleichzeitig Begriffe wie Tod und Einsamkeit assoziieren lassen, die auf Scrooges individuelles Schicksal hindeuten. Eine Zuordnung der Symbole kann also nicht so eindeutig erfolgen wie beim „Geist der gegenwärtigen Weihnacht" (KV Seite 31). Durch vorgegebene Aussagen, die als passend oder unpassend bewertet werden können, nähern sich die Schüler dieser symbolischen Ebene. In der letzten Aufgabe sollen sie ihren eigenen Geist kreieren und somit ein wahrscheinlich positiveres Bild der Zukunft entwerfen. Dabei sollten mit der Zukunft verbundene Eigenschaften wie „geheimnisvoll" und „undurchschaubar" erhalten bleiben. Im Anschluss an das letzte Kapitel können diese Überlegungen auch auf Scrooges Schicksal übertragen werden: Wie sähe wohl Scrooges „Geist der zukünftigen Weihnacht" nach seiner Wandlung aus?

Lösung

Der „Geist der zukünftigen Weihnacht" bewegt sich langsam und feierlich. Er ist bis zum Kopf in einen schwarzen, weiten Mantel gehüllt, sodass seine Gestalt nicht zu erkennen ist. Das Einzige, was man sieht, ist eine gespenstische Hand, die unter seinem Mantel hervorragt. Der Geist spricht nicht und wirkt sehr furchterregend und geheimnisvoll.

	ja	nein
Der Geist ist verhüllt, weil die Zukunft undurchschaubar ist.	X	☐
Der Geist ist schwarz gekleidet, weil er traurig ist.	☐	X
Die schwarze Kleidung des Geistes deutet darauf hin, dass jemand sterben wird.	X	☐
Der Geist spricht nicht mit Scrooge, weil er ihm nichts zu sagen hat.	☐	X
Der Geist hat keine richtige Gestalt, weil es die Zukunft in der Gegenwart nicht gibt.	X	☐

KV Seite 41

Er ist tot!

Wie reagieren die Menschen auf Scrooges Tod? Bei den Figuren, die im Text auftauchen (Fred, Bob Cratchit, Bella, Dick Wilkins), sollten die Schüler deren Charakter und frühere Beziehung zu Scrooge mit einbeziehen. Für die Reaktionen der hinzugefügten Charaktere kann noch einmal der Beginn der Lektüre (Seite 10/11) hinzugezogen werden, wo Scrooges Stellung in der Gesellschaft beschrieben ist.

Mögliche Lösung

Fred: „Irgendwann habe ich es aufgegeben, mich um ihn zu bemühen. Der Arme!"

Dick Wilkins: „Ein netter Kerl war er, aber er hat sich irgendwann so verändert."

John Lindsay: „Gott sei seiner Seele gnädig! Er wird Buße tun müssen."

Mrs Butcher: „Um jeden Shilling hat er gefeilscht! Jetzt braucht er sein Geld nicht mehr."

Walter Charles Stevens: „Ein cleverer Geschäftsmann! Aber dem weint keiner eine Träne nach."

Jim: „Endlich ist der böse alte Mann tot!"

Bella: „Jetzt ist er einsam gestorben. Das Geld konnte mich also doch nicht ersetzen."

Bob Cratchit: „Gott sei ihm gnädig! Hoffentlich ist mein neuer Arbeitgeber etwas freundlicher!"

KV Seite 42

Zukunftsvisionen

Indem die Schüler überlegen, was Scrooge an seiner Art, Weihnachten zu feiern, ändern wird, machen sie sich bewusst, worin die Lehre der drei Geister besteht und welche Wandlung der „Blutsauger" durchlaufen wird.

Anschließend wenden sie sich der eigenen Zukunft zu: Wie sieht wohl mein Weihnachtsfest in 10, 25 und 50 Jahren aus?

Mögliche Lösung

• Festessen bei Fred und seiner Frau mit deren Kindern
• Kirchgang mit Bob Cratchit und Tiny Tim
• großes Fest mit Truthahnessen in Scrooges geschmücktem Haus

Gesprächs- und Schreibanlässe

Der meistgefürchtete Geist

Scrooge spricht den „Geist der zukünftigen Weihnacht" an: „Geist der Zukunft, (…) dich fürchte ich mehr als die Geister, die ich schon gesehen habe!" Kannst du dir vorstellen, warum das so ist? Begründe.

Scrooges Irrtum

Warum dauert es so lange, bis Ebenezer Scrooge merkt, dass der „Geist der zukünftigen Weihnacht" ihm seinen eigenen Tod zeigt. Wo liegt sein Irrtum?

(Scrooge erwartet zunächst, dass er die Zukunft so gezeigt bekommt, wie sie eintritt, nachdem er geläutert ist und sich geändert hat. Der Geist zeigt ihm aber die Zukunft, wie sie eintreten wird, wenn Scrooge sich nicht ändert.)

Kreativ aktiv

Jeder hat ein Recht, für sich selbst zu sorgen

„Jeder hat das Recht, für sich zu sorgen. Und er tat es immer", behauptet Mrs Dilber und rechtfertigt so, dass sie den sterbenden Scrooge beraubt und seine Wohnung ausgeplündert hat. Niemand widerspricht ihr.

Stellt euch vor, Mrs Dilber hätte eine Nachbarin, die in diesem Punkt völlig anderer Meinung ist als sie. Spielt diese Diskussion als Rollenspiel.

Was geschieht an der Börse?

Ebenezer Scrooge ist Kaufmann und Börsenhändler. Aber was geschieht eigentlich an einer Börse? Und läuft das Geschehen an der Börse heute noch genauso ab wie im 19. Jahrhundert? Informiere dich in Büchern oder im Internet und halte einen kurzen Vortrag vor der Klasse. Vielleicht kann dir auch dein Geschichtslehrer helfen.

(Unter anderem sollten folgende Punkte angesprochen werden:
- An einer Börse werden Besitzanteile von Unternehmen gehandelt, die Aktien genannt werden.
- Die Händler versuchen die Wertentwicklung der Unternehmensanteile vorherzusagen: Sie kaufen Anteile an einer bestimmten Firma, wenn sie vermuten, dass diese im Wert steigen werden. Sie verkaufen Anteile, wenn sie vermuten, dass sie im Wert sinken werden. Wenn sie sich täuschen, sich also „verspekulieren", machen sie Verluste.
- Die Preisentwicklung ist abhängig von Angebot und Nachfrage: Wenn viele Händler Aktien einer bestimm-

ten Firma kaufen wollen, aber nur wenige verkaufen, steigen die Preise dieser Aktien. Wenn umgekehrt viele Händler Aktien einer bestimmten Firma verkaufen wollen, aber nur wenige Interesse haben, diese zu kaufen, dann fallen die Preise dieser Aktien.
- Ihre Vermutungen über die Wertentwicklung der Aktien einer bestimmten Firma stützen die Händler auf eine Vielzahl von Informationen. Zum Beispiel: Hat die Firma genug Abnehmer für ihre Produkte? Kommt sie leicht an die Rohstoffe, die sie braucht, um ihre Produkte herzustellen? Oder gibt es nur sehr wenig von dem Rohstoff, den die Firma braucht? Muss die Firma hohe oder niedrige Löhne zahlen? Steht möglicherweise ein Streik bevor? Solche und andere Faktoren beeinflussen den Wert der Aktien.

Einer der Hauptunterschiede des Börsenhandels zur Zeit von Ebenezer Scrooge bzw. Charles Dickens gegenüber heute liegt in der Kommunikation. Heute wird fast der gesamte Handel über das Internet, Mails usw. abgewickelt. Vor 150 Jahren mussten die Händler oder ihre Vertreter allesamt persönlich an der Börse erscheinen, um handeln zu können. Für Jugendliche verständliche Informationen zu diesem Thema können z. B. der „Geschichte der Wirtschaft" von Nikolaus Piper, Beltz & Gelberg Verlag 2005, entnommen werden.)

Der Geist der zukünftigen Weihnacht

✎ Beschreibe den „Geist der zukünftigen Weihnacht" mit einigen Sätzen. Lies gegebenenfalls auf den Seiten 90/91 nach.

_____

_____

_____

_____

✎ Welchen der folgenden Aussagen über die Symbolik des Geistes kannst du zustimmen, welchen nicht? Kreuze das entsprechende Kästchen an.

	ja	nein
Der Geist ist verhüllt, weil die Zukunft undurchschaubar ist.	☐	☐
Der Geist ist schwarz gekleidet, weil er traurig ist.	☐	☐
Die schwarze Kleidung des Geistes deutet darauf hin, dass jemand sterben wird.	☐	☐
Der Geist spricht nicht mit Scrooge, weil er ihm nichts zu sagen hat.	☐	☐
Der Geist hat keine richtige Gestalt, weil es die Zukunft in der Gegenwart nicht gibt.	☐	☐

Tauscht euch über eure Ergebnisse aus und begründet sie.

Wie stellst du dir deine zukünftigen Weihnachtsfeste vor? Male einen dazu passenden Geist deiner zukünftigen Weihnacht in den Rahmen. Verwende aussagekräftige Symbole. Erkläre das Bild deinen Mitschülern.

_____

_____

_____

_____

_____

_____

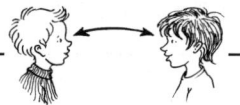

Er ist tot!

 Wie reagieren wohl die folgenden Personen, als sie hören, dass Ebenezer Scrooge gestorben ist? Schreibe in die Sprechblasen. Achtung: Einige Figuren tauchen im Buch auf, bei anderen bist du ganz auf deine Fantasie angewiesen.

Dick Wilkins, der vor fünfzig Jahren mit Scrooge Lehrling war

Fred, Scrooges Neffe

John Lindsay, der Scrooge oft vergeblich um eine Spende für wohltätige Zwecke gebeten hat

Mrs Butcher, die Gemüsehändlerin, bei der Scrooge ab und zu eingekauft hat

Walter Charles Stevens, ein anderer Börsenmakler

Jim, ein Nachbarsjunge

Bob Cratchit, Scrooges Schreiber

Bella, Scrooges ehemalige Verlobte

Zukunftsvisionen

Ebenezer Scrooge ist entsetzt und verzweifelt, als der „Geist der zukünftigen Weihnacht" ihm seinen einsamen Tod zeigt. Doch dann versteht er: Wenn er seine Lebensweise ändert, kann er dieses Schicksal abwenden.

 Wie wird Ebenezer Scrooge fünf Jahre nach seiner Begegnung mit den Geistern Weihnachten feiern? Denke dir zwei Möglichkeiten aus und beschreibe sie stichwortartig in den Weihnachtsbäumen.

Wie stellst du dir deine eigenen zukünftigen Weihnachtsfeste vor? Schreibe auf die Linien.

Weihnachten in 10 Jahren, wenn ich _____ Jahre alt bin:

_____

_____

Weihnachten in 25 Jahren, wenn ich _____ Jahre alt bin:

_____

_____

Weihnachten in 50 Jahren, wenn ich _____ Jahre alt bin:

_____

_____

Fünftes Kapitel: Das Ende vom Lied

Inhalt

Langsam kommt Scrooge wieder in die Gegenwart zurück: Der Pfosten, in den sich der „Geist der zukünftigen Weihnacht" verwandelt hat, gehört zu Scrooges eigenem Bett. Ebenezer Scrooge liegt wieder in seinem Zimmer. Von den Geistern oder irgendeinem anderen Spuk ist nichts mehr zu bemerken.

Und doch hat sich etwas verändert: Seine Erlebnisse mit den drei Geistern wirken in Ebenezer Scrooge nach. Voll Dankbarkeit denkt er darüber nach, dass er nun die Chance hat, seine früheren Fehler wiedergutzumachen. Erregt springt er auf und eilt durch seine Wohnung, um sich zu vergewissern, dass alles in Ordnung ist. Und noch etwas ist anders als in all den zurückliegenden Jahren: Ebenezer Scrooge kann wieder lachen und sich über die selbstverständlichsten Dinge freuen: die Sonne, die Kälte, die Farbe des Himmels …

Plötzlich erklingen von überall her Kirchenglocken. Scrooge eilt zum Fenster und erfährt von einem vorbeilaufenden Jungen, dass er am Morgen des ersten Weihnachtsfeiertages aufgewacht ist. Offenbar haben die Geister nur eine einzige Nacht gebraucht, um ihr Werk zu vollbringen. Scrooge kann also seine guten Vorsätze direkt in die Tat umsetzen und als neuer Mensch Weihnachten feiern: Er schickt den Jungen los, um bei einem Geflügelhändler an der Ecke einen großen Truthahn zu kaufen. Diesen schickt er als anonymes Geschenk an seinen Schreiber Cratchit. Auf der Straße begegnet Scrooge dem älteren Herrn, der am Vortag in seinem Kontor erschienen ist, um für eine Wohltätigkeitsorganisation zu sammeln, und den er weggeschickt hat. Jetzt entschuldigt sich Ebenezer Scrooge und spendet eine so große Summe, dass es dem Mann die Sprache verschlägt. Scrooge aber zieht weiter durch die Stadt. Er spricht mit Kindern und Bettlern und geht schließlich zu seinem Neffen, der ihn zum Essen eingeladen hat. Dort wird er herzlich willkommen geheißen und nimmt jetzt als Gast an dem wunderbaren Fest teil, dem er mit dem „Geist der gegenwärtigen Weihnacht" nur als unbemerkter Zeuge hat beiwohnen können.

Am ersten Werktag nach Weihnachten erscheint Scrooge besonders früh in seinem Kontor. Als sein Schreiber mit über einer Viertelstunde Verspätung erscheint, spielt Scrooge zunächst den grimmigen, hartherzigen Chef – um Cratchit dann mit der Mitteilung zu überraschen, dass er sein Gehalt erhöhen wolle. Und nicht nur das: Von nun an kümmert sich Scrooge auch um die Familie seines Schreibers und wird vom bloßen Dienstherrn zum guten Freund. Dank seiner Hilfe muss auch Tiny Tim nicht sterben.

So wird Ebenezer Scrooge zu einem so menschenfreundlichen Geschäftsmann, dass viele, die ihn von früher kennen, über seine Veränderung spotten. Doch Ebenezer Scrooge berührt der Spott dieser Missgünstigen nicht.

Zu den Kopiervorlagen

KV Seite 45

Scrooges Verwandlung
Auf vielfältige Weise machen sich die Schüler Scrooges Wandlung bewusst. Vor der Bearbeitung der Aufgaben können Textstellen gesucht werden, in denen die Veränderung sichtbar wird, um deren Anzeichen anschließend zu benennen.

Danach sollen die Schüler diese Veränderung auf dem Arbeitsblatt bildlich umsetzen. Dabei kann noch einmal auf den Zusammenhang zwischen Aussehen und Charakter Scrooges (siehe KV „Ebenezer Scrooge", Seite 13) verwiesen werden. Bei der Zuordnung der Zitate aus dem ersten und letzten Kapitel werden sich die Schüler noch einmal der Parallelität der Begegnungsszenen bewusst. Außerdem können sie Scrooges Veränderung abschließend mimisch und gestisch verdeutlichen. Damit jeder Schüler in den einzelnen Gruppen einmal in die Rolle Scrooges vorher und hinterher schlüpfen kann, sollten in jeder Gruppe drei Durchgänge gemacht werden (zu Scrooges Wandlung siehe auch „Kreativ aktiv").

Neben der offensichtlich anderen Handlungsweise Scrooges sollte festgehalten werden, wie viel Freude der ehemalige Geizkragen selbst an seinem veränderten Wesen hat: Er kichert vergnügt, als er den Cratchits den Truthahn schickt, macht sich einen Spaß daraus, seinem Schreiber erst den alten, böswilligen Dienstherrn vorzuspielen, um ihm dann das Gehalt zu erhöhen usw. Wichtig ist auch die Feststellung, dass Scrooge seine Umwelt jetzt ganz anders wahrnimmt und genießt: Er freut sich an der kalten, klaren Winterluft, über die er sonst geschimpft hätte. Er stellt fest, dass das Dienstmädchen seines Neffen Fred, für das er früher keinen Blick übrig gehabt hätte, ausgesprochen hübsch ist usw.

Lösung

Scrooge vorher	Gesprächs-partner	Scrooge hinterher
Feiere du Weihnachten auf deine Weise und lass es mich auf meine feiern! (Seite 13)	Fred	Ich komme zum Essen. Willst du mich hereinlassen? (Seite 118)
Und doch denken Sie nicht daran, dass mir Unrecht geschieht, wenn ich einen Tag Lohn bezahle für einen Tag Faulenzen. (Seite 19)	Bob Cratchit	Nun, ich will Ihnen etwas sagen, Freundchen. Ich kann das nicht länger mit ansehen. Und daher will ich Ihr Gehalt erhöhen! (Seite 119)
Ich wünsche, dass man mich in Ruhe lässt. (Seite 17)	stattlicher Herr, der für wohltätige Zwecke sammelt	Keinen Penny weniger. Es sind viele Rückstände dabei, ich versichere es Ihnen. (Seite 116)

KV Seite 46 — Vergangenheit – Gegenwart – Zukunft

Ist unser Schicksal vorherbestimmt? Sollte man die Vergangenheit ruhen lassen oder daraus Lehren für die Zukunft ziehen? Welche Zeit ist am wichtigsten? Anhand von Zitaten setzen sich die Schüler mit diesen Fragen auseinander. Zunächst finden sie eine eigene Position, um dann die Bedeutung der drei „Zeit-Geister" für Scrooges Schicksal in der Lektüre zu formulieren.

Mögliche Lösung

Für Scrooges Veränderung sind die Lehren der drei Geister gleich wichtig: Die Erkenntnis vergangener Fehler, das menschlichere, vorbildhafte Verhalten anderer Menschen in der Gegenwart und das Aufzeigen möglicher Konsequenzen ermöglichen es ihm, sein Verhalten und seine Einstellung zu ändern. Dabei ist es wichtig, dass er in dem Bewusstsein handelt, Einfluss auf das Kommende zu haben – also nicht einem vorherbestimmten Schicksal ausgeliefert zu sein. Diese Position spiegelt sich am ehesten in den Zitaten von Epikur und Wilhelm von Humboldt wider.

Gesprächs- und Schreibanlässe

Scrooges Vorsätze

Ebenezer Scrooge notiert seine guten Vorsätze in sein Tagebuch. Schreibe diesen Tagebucheintrag.

Traum oder Spuk?

Scrooge hat sich geändert. Aber er ist sich noch Jahre später nicht sicher, ob er Marleys Geist und den drei Weihnachtsgeistern wirklich begegnet ist oder ob er alles nur geträumt hat. Was meinst du? Sammle Argumente für beide Ansichten und diskutiere dann mit deinen Klassenkameraden.

Mrs Cratchits Brief

Mrs Cratchit schreibt einen Brief an ihre beste Freundin und berichtet, wie sehr sich der Arbeitgeber ihres Mannes verändert hat. Schreibe diesen Brief.

Kreativ aktiv

Gespräch mit einem Bettler

Scrooge ist jetzt nicht nur bereit, Geld zu spenden, sondern er nimmt Notleidende erstmals auch als Menschen wahr. Darum begnügt er sich nicht damit, einem Bettler, dem er auf der Straße begegnet, eine Münze in den hingehaltenen Hut zu legen, sondern beginnt auch ein Gespräch mit ihm. Wie könnte ein solches Gespräch verlaufen? Tut euch paarweise zusammen und erarbeitet einen Dialog, den ihr dann der Klasse als Rollenspiel vortragt.

Scrooge und sein Schreiber

Scrooge hat Bob Cratchit am ersten Arbeitstag nach Weihnachten zu einem Punsch eingeladen, um mit ihm über seine Probleme zu sprechen. Cratchit kann die Veränderung im Verhalten seines Arbeitgebers zunächst nicht fassen. Wie könnte dieses Gespräch verlaufen? Tut euch paarweise zusammen und erarbeitet einen Dialog, den ihr dann der Klasse als Rollenspiel vortragt.

So ein Unterschied!

Stellt gegensätzliche Aussagen Scrooges aus dem Text einander gegenüber, die seine Wandlung zum Ausdruck bringen (z. B. „Was für ein Recht hast du, fröhlich zu sein?", Seite 12, und „Ich bin vergnügt wie ein Schulknabe.", Seite 112). Stellt euch in einem Kreis auf. Gebt zuerst den ersten Satz rechts herum im Kreis weiter. Nach einigen Durchgängen wird der zweite Satz nach links im Kreis weitergegeben. Die Sätze sollten mit passender Betonung gesprochen werden und können gegebenenfalls durch Gesten begleitet werden.

Wenn ihr die Sätze sicher sprechen könnt, werden beide Sätze gleichzeitig im Kreis herumgegeben. Man muss nun aufpassen, woher die Sätze kommen, um sie in die richtige Richtung weiterzugeben.

Scrooges Verwandlung

Nach der Begegnung mit den Geistern verhält sich Scrooge völlig anders als am Vortag.

  Wie sieht der neue Scrooge wohl aus? Zeichne in den leeren Rahmen.

Scrooge vorher

Scrooge hinterher

  Was sagt Scrooge vorher, was sagt er hinterher? Schneide die Zitatkärtchen unten aus und klebe sie an die richtige Stelle.

Scrooge vorher	Gesprächspartner	Scrooge hinterher
	Fred	
	Bob Cratchit	
	stattlicher Herr, der für wohltätige Zwecke sammelt	

  Suche dir zwei Partner. Einer stellt den Gesprächspartner dar, die anderen beiden Scrooge vorher bzw. hinterher. Sprecht die Sätze jeweils mit passender Betonung, Mimik und Gestik, sodass die Veränderung Scrooges deutlich wird.

✂

Feiere du Weihnachten auf deine Weise und lass es mich auf meine feiern!	Ich wünsche, dass man mich in Ruhe lässt.
Und doch denken Sie nicht daran, dass mir Unrecht geschieht, wenn ich einen Tag Lohn bezahle für einen Tag Faulenzen.	Nun, ich will Ihnen etwas sagen, Freundchen. Ich kann das nicht länger mit ansehen. Und daher will ich Ihr Gehalt erhöhen!
Ich komme zum Essen. Willst du mich hereinlassen?	Keinen Penny weniger. Es sind viele Rückstände dabei, ich versichere es Ihnen.

Vergangenheit – Gegenwart – Zukunft

✏ Vergangenheit, Gegenwart oder Zukunft – was ist für dich am wichtigsten? Schreibe auf und begründe.

_____

_____

_____

👥 Wie werden Vergangenheit, Gegenwart und Zukunft in den folgenden Zitaten bewertet? Sprecht darüber.

„Keine Zukunft vermag gutzumachen, was du in der Gegenwart versäumst."
(Albert Schweitzer, elsässischer Theologe und Arzt, 1875–1965)

„Ich beschäftige mich nicht mit dem, was getan worden ist.
Mich interessiert, was getan werden muss."
(Marie Curie, polnische Physikerin und Chemikerin, 1867–1934)

„Wir dürfen nie vergessen, dass die Zukunft zwar gewiss nicht in unsere Hand gegeben ist,
dass sie aber ebenso gewiss doch auch nicht ganz außerhalb unserer Macht steht."
(Epikur, griechischer Philosoph, 342–271 v. Chr.)

„Was geschehen soll, wird geschehen."
(Bruce Lee, amerikanischer Schauspieler und Kampfkünstler, 1940–1973)

„Nur wer die Vergangenheit kennt, hat auch eine Zukunft."
(Wilhelm von Humboldt, Gelehrter und Staatsmann, 1767–1835)

✏ Welches Zitat trifft am ehesten auf Scrooge zu? Begründe.

_____

_____

_____

_____

_____

Zu den Kopiervorlagen

KV
Seite
49
Das große Ebenezer-Scrooge-Rätsel
Durch das Kreuzworträtsel werden die Schüler spielerisch dazu angeregt, den Inhalt der Lektüre noch einmal nachzuvollziehen. Anhand des Lösungswortes kann die Richtigkeit der Antworten selbstständig überprüft werden.

Lösung

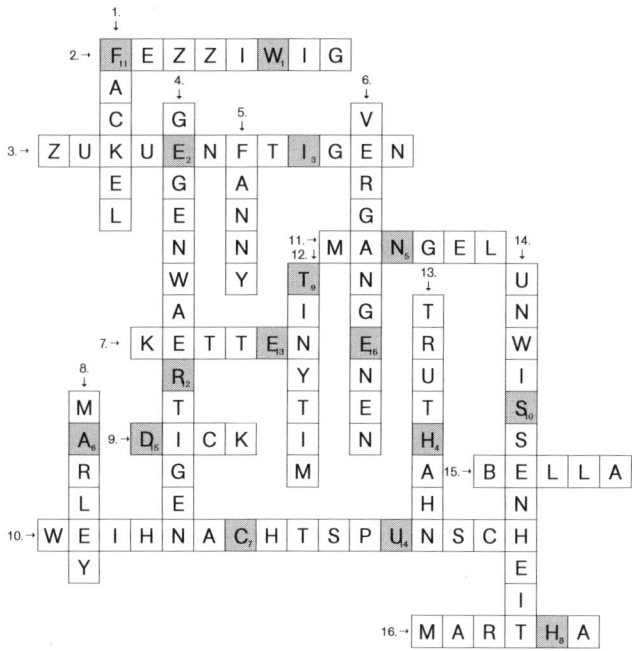

Lösungswort: WEIHNACHTSFREUDE

KV
Seite
50
Wer war Charles Dickens?
Die Schüler lesen einen Text über Charles Dickens' Leben und beantworten dann Fragen dazu. Ergänzend können kurze Schülerreferate über weitere Werke des Autors oder bestimmte Aspekte seines Lebens informieren.

Lösung

Geburtstag und -ort: 7. Februar 1812 bei Portsmouth, Südengland
Prägende Erlebnisse in der Kindheit: Familie musste wegen Schulden ins Gefängnis, Arbeiter in einer Fabrik für Schuhcreme
Berufe: Gehilfe in einer Anwaltskanzlei, Gerichtsreporter
Bekannte Romanhelden: Oliver Twist, David Copperfield
Verwendung seines Geldes: Unterstützung von Frau, zehn Kindern, Familie und Spenden für wohltätige Zwecke
Berühmte Fans: Königin Victoria

Reisen: zweimal nach Amerika
Todestag und Begräbnisstätte: 9. Juni 1870, in der Westminster Abbey

KV
Seite
51
Der Geist der Weihnacht
Dieser „Psycho-Test" greift das Thema der Lektüre auf nicht ganz ernst gemeinte Weise auf. Die Auswertung können Sie mehrfach kopieren und den Schülern nach Durchführung des Tests an die Hand geben oder auf Folie großkopieren. Von den vorgegebenen Situationen ausgehend kann über das Thema „Geben und Nehmen" ernsthaft diskutiert werden (siehe auch „Gesprächs- und Schreibanlässe").

Lösung

Auswertung:
Überwiegend Antwort A: Du verstehst es, aus Situationen Geld zu schlagen und deine Ersparnisse zusammenzuhalten. Darüber vergisst du aber gerne mal die Menschen, die in deinem Leben wichtig sind. Pass auf, dass dir nicht auch eines Tages die Weihnachtsgeister erscheinen. Denn du bist ein wahrer Scrooge!
Überwiegend Antwort B: Auf dich trifft das Sprichwort „Geben ist seliger als Nehmen!" zu: Für dich ist die Welt in Ordnung, wenn es den Menschen um dich herum gut geht. Geld ist dir nicht so wichtig. In dir lebt der Geist der Weihnacht!
Überwiegend Antwort C: Was andere von dir denken, ist dir nicht egal. Allerdings ist dir das eigene Wohl doch wichtiger als das deiner Mitmenschen. Um des lieben Friedens willen verzichtest du aber hin und wieder, um keinen Ärger zu bekommen. Das ist schon mal ein Anfang. Versuche einmal, dabei ein bisschen Freude zu empfinden, dann wird der „Geist der Weihnacht" auch bei dir Einzug halten.

Gesprächs- und Schreibanlässe

Du bist ein echter Scrooge!

- Was könnte es bedeuten, wenn jemand auf Englisch zu einem anderen sagt: „You are a scrooge!"? Übersetze ins Deutsche.
- Der geldgierige Onkel der Comicfigur Donald Duck heißt im amerikanischen Original „Scrooge McDuck". Erkläre den Zusammenhang.
- Wie erklärst du es dir, dass der Name einer Romanfigur als eigenständiges Wort in den Sprachgebrauch übernommen wurde? Fallen dir ähnliche Beispiele im Deutschen ein?

Ein Lied mit Strophen?

Charles Dickens hat seine Weihnachtserzählung im Original „A Christmas Carol" („Ein Weihnachtslied") und die einzelnen Kapitel „stances" („Strophen") genannt. Informiere dich bei deinem Englischlehrer oder im Internet darüber, was ein „Christmas Carol" ist. Versuche den Zusammenhang zu erklären.

(Durch den Titel „Weihnachtslied" wird noch einmal besonders darauf hingewiesen, dass es sich hier nicht um eine realistische Erzählung handelt. Außerdem könnte man sagen, dass es sich um eine Art „Gespensterreigen" handelt: In der Erzählung von Charles Dickens geben sich die Gespenster sozusagen „die Klinke in die Hand". Außerdem gibt der Titel die fröhliche, ausgelassene Stimmung wieder, die in Dickens Erzählung für das Weihnachtsfest steht.)

Die Weihnachtsbotschaft

Ebenezer Scrooge ist am Ende der Geschichte „geläutert". Was ist deiner Meinung nach die zentrale Botschaft an den Leser? Schreibe in wenigen Sätzen auf.

Christmas Carols

Das Wort „carol" stammt aus dem Französischen „caroller", was so viel bedeutet wie „im Kreis tanzen". Carols sind auf die Jahreszeit bezogene Lieder religiösen Inhalts, zu denen getanzt werden kann. Im Gegensatz zu anderen Kirchenliedern mit eher düsteren, christlichen Themen zeichnen sie sich durch ihre fröhlichen Texte aus. Das Christmas Carol wurde durch Franz von Assisi im 13. Jahrhundert offiziell in den Gottesdienst aufgenommen. Unter Oliver Cromwell im 17. Jahrhundert war diese Form des fröhlichen Liedes eher verpönt, erst zu Zeiten von Königin Victoria, also im 19. Jahrhundert, wurde es wieder populär.

Auch heute noch gern gesungene Christmas Carols sind z. B. „The twelve days of Christmas", „Rudolph, the red-nosed reindeer" oder „Winterwonderland".

Das große Ebenezer-Scrooge-Rätsel

 Wenn du die Erzählung aufmerksam gelesen hast, kannst du dieses Rätsel lösen.
Trage ein. Denke daran: Ä = AE, Ö = OE, Ü = UE

1. Damit schlichtet einer der drei Weihnachtsgeister Streit.
2. So heißt der Kaufmann, bei dem Scrooge seine Ausbildung macht.
3. Der dritte der Weihnachtsgeister ist der „Geist der … Weihnacht".
4. Der zweite der Weihnachtsgeister ist der „Geist der … Weihnacht".
5. So heißt Ebenezer Scrooges kleine Schwester mit Vornamen.
6. Der erste der Weihnachtsgeister ist der „Geist der … Weihnacht".
7. Das zieht Marleys Geist hinter sich her.
8. So heißt Scrooges verstorbener Geschäftspartner: Jacob …
9. So heißt der Junge, mit dem Scrooge in der Lehre war.

10. Dazu lädt der geläuterte Scrooge seinen Schreiber ein, um über dessen Probleme zu sprechen.
11. So heißt der Junge, den der zweite Weihnachtsgeist unter seinem Mantel hervorholt.
12. Er läuft an Krücken (zwei Wörter).
13. Das schickt der geläuterte Scrooge der Familie Cratchit zum Weihnachtsessen.
14. So heißt das Mädchen, das der zweite Weihnachtsgeist unter seinem Mantel hervorholt.
15. Scrooges ehemalige Verlobte heißt …
16. Sie ist Bob Cratchits älteste Tochter.

Lösungswort:

1	2	3	4	5	6	7	8	9	10	11	12	13	14	15	16

Wer war Charles Dickens?

 Lies die kurze Biografie von Charles Dickens und ergänze die unten stehenden Angaben.

Eine glückliche Kindheit hatte der am 7. Februar 1812 bei Portsmouth in Südengland geborene Charles Dickens wohl nicht: Die Dickens' waren arm. Bald hatten sie so hohe Schulden, dass sie diese nicht zurückzahlen konnten. Deshalb musste die ganze Familie ins Gefängnis. Nur Charles, der zu diesem Zeitpunkt gerade einmal zwölf Jahre alt war, blieb in Freiheit. Er lebte in einer trostlosen Unterkunft im Norden Londons und versuchte als Arbeiter in einer Fabrik für Schuhcreme das kärgliche Familieneinkommen aufzubessern.

Durch ein überraschendes Erbe konnte die Familie dann ihre Schulden doch zurückzahlen. Charles durfte seine Arbeit in der Fabrik aufgeben und noch zwei Jahre weiter zur Schule gehen. Als er fünfzehn Jahre alt war, fing er als Gehilfe in einer Anwaltskanzlei an. Doch bald schon wechselte er den Beruf und berichtete als Gerichtsreporter für verschiedene Zeitungen von aufsehenerregenden Prozessen. Zugleich wagte er sich an erste literarische Werke, die als Fortsetzungsromane in Zeitungen abgedruckt wurden. Er hatte damit so großen Erfolg, dass er seine Romane und Erzählungen, darunter mehrere Weihnachtserzählungen, in immer kürzeren Abständen veröffentlichte.

In fast allen seiner Werke spiegelt sich Charles Dickens' eigene Kindheit wider. So sind Oliver Twist und David Copperfield, die Titelhelden von zwei der bekanntesten Dickens-Romane, arme Waisenkinder, die von ihren Mitmenschen gewissenlos ausgebeutet werden, bevor sie doch noch ihr Glück finden. Manchen Menschen kommt diese klare Einteilung in Gut und Böse in Charles Dickens' Romanen zu einfach vor. Doch Dickens beschreibt die Welt auch immer mit ein wenig Spott und Ironie: Die Guten sind doch nicht nur gut und die Bösen nicht nur böse. Mit dieser Art zu erzählen wurde er weltberühmt.

Er verdiente so viel Geld, dass er seine Frau Catherine, seine zehn Kinder, seine Eltern und noch einige andere Verwandte großzügig unterstützen und außerdem noch viel für wohltätige Zwecke spenden konnte. Sogar zwei große Amerikareisen konnte er finanzieren, was sich in der damaligen Zeit nur die Reichsten der Reichen leisten konnten.

Aber Dickens wurde mit seinen Romanen und Erzählungen nicht nur reich und berühmt, sondern er war auch in allen Volksschichten anerkannt: Arme und Reiche, einfache Leute und Adlige lasen seine Bücher. Sogar die englische Königin Victoria las Dickens und saß bei den von ihm geleiteten Theateraufführungen im Publikum. Als Charles Dickens am 9. Juni 1870 mit 58 Jahren an einem Schlaganfall starb, wurde er in der Westminster Abbey, der großen Kirche, in der die englischen Könige gekrönt werden, begraben.

Geburtstag und -ort: _____

Prägende Erlebnisse in der Kindheit: _____

_____

Berufe: _____

Bekannte Romanhelden: _____

Verwendung seines Geldes: _____

_____

Berühmte Fans: _____

Reisen: _____

Todestag und Begräbnisstätte: _____

Der Geist der Weihnacht

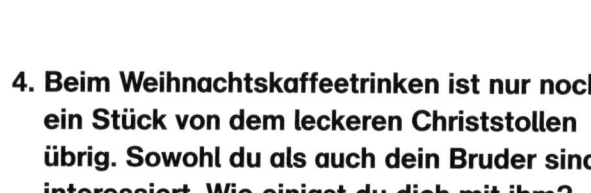

Und wie sieht es mit dir aus? Hast du den „Geist der Weihnacht" in dir aufgenommen? Oder bist du ein wahrer Scrooge?

 Kreuze jeweils die Aussage an, die am ehesten zu dir passt, und werte anschließend dein Ergebnis aus.

1. Du suchst ein Weihnachtsgeschenk für deinen besten Freund / deine beste Freundin. Worauf achtest du besonders?

A) Zu Weihnachten verschenke ich grundsätzlich nichts. ☐

B) Ich möchte, dass das Geschenk zu dem / der Beschenkten passt, damit er / sie sich freut. ☐

C) Ich achte darauf, dass das Geschenk nicht zu teuer ist. ☐

2. In der weihnachtlichen Fußgängerzone spricht dich ein Obdachloser an und fragt, ob du etwas Kleingeld für ihn hast. Wie reagierst du?

A) Ich sage: „Haben Sie es schon mal mit Arbeit versucht?" ☐

B) Ich gebe ihm fünf Euro. Dafür bekommt man schon etwas zu essen. ☐

C) Ich tue so, als hätte ich ihn nicht gehört, und gehe schnell weg. ☐

3. Deine Mutter muss dringende Weihnachtseinkäufe erledigen und bittet dich, in der Zeit auf deine kleine Schwester aufzupassen. Du wolltest eigentlich mit einem Freund ins Kino gehen. Wie reagierst du?

A) Ich versuche, möglichst viel Geld aus der Sache herauszuschlagen. Schließlich hat sie ja sonst niemanden, den sie fragen kann. ☐

B) Natürlich bleibe ich zu Hause. Meine Mutter tut schließlich auch so viel für mich. ☐

C) Ich bleibe schlecht gelaunt zu Hause. Der Nachmittag ist gelaufen! ☐

4. Beim Weihnachtskaffeetrinken ist nur noch ein Stück von dem leckeren Christstollen übrig. Sowohl du als auch dein Bruder sind interessiert. Wie einigst du dich mit ihm?

A) Ich lade mir das Stück auf den Teller und esse möglichst schnell, damit er es mir nicht wegnimmt. ☐

B) Ich verzichte. Mein Bruder mag doch Stollen so gerne! ☐

C) Wir können uns nicht einigen. Aber weil meine Eltern darauf bestehen, müssen wir uns das Stück schließlich teilen. ☐

5. Letztes Jahr hast du deinem besten Freund / deiner besten Freundin ein besonders großes Geschenk gemacht, aber nur ein kleines bekommen. Wie gehst du dieses Jahr an die Geschenkauswahl heran?

A) Zum Ausgleich bekommt er / sie dieses Jahr gar nichts. Dann sind wir wieder quitt. ☐

B) Ich gebe mir besonders viel Mühe, damit er / sie sich wieder so freut wie im letzten Jahr. ☐

C) Ich achte darauf, dass mein Geschenk nicht größer wird als das, das ich letztes Jahr von ihm / ihr bekommen habe. ☐

Literatur, Verfilmungen, Internet

Sekundärliteratur (Auswahl)

Zu Charles Dickens

- Maack, Annegret: Charles Dickens. Epoche – Werk – Wirkung. München (C. H. Beck) 1991. *

- Mackenzie, Norman und Jeanne: Dickens. Ein Leben. Frankfurt a. M. (Insel) 1983. *

- Schmidt, Johann N.: Dickens. (= Rowohlt Bildmonographien Bd. 50262). Reinbek bei Hamburg (Rowohlt). 8. Auflage 2012.

- Smiley, Jane: Charles Dickens. Berlin (Claassen) 2003.

Zum Thema Märchen

- Bettelheim, Bruno: Kinder brauchen Märchen. Stuttgart (Deutsche Verlagsanstalt) 1977. Neuausgabe München (Deutscher Taschenbuch Verlag) 1993.

- Klotz, Volker: Das europäische Kunstmärchen. Stuttgart (Metzler) 1985. Neuausgabe München (UTB / W. Fink) 3. Auflage 2002. (Darin ein eigenes Kapitel zu Charles Dickens und „A Christmas Carol".) *

- Mayer, Matthias und Jens Tismar: Kunstmärchen (= Sammlung Metzler Bd. 155). Stuttgart (Metzler) 4. Auflage 2003.

- Schieder, Brigitta: Märchen. Nahrung für die Kinderseele. Einführung in den ganzheitlichen Umgang mit Märchen. Gütersloh (Gütersloher Verlagshaus) 1996. *

- Schieder, Brigitta: Märchen machen Mut. Ein Werkbuch zur Werteerziehung und Persönlichkeitsentfaltung von Kindern. München (Don Bosco Verlag) 3. Auflage 2003.

Verfilmungen (Auswahl)

1938 – A Christmas Carol (Regie: Edwin L. Marin)

1951 – Eine Weihnachtsgeschichte (Originaltitel: Scrooge; Regie: Brian Desmond Hurst)

1953 – Es ist nie zu spät (Originaltitel: Non è mai troppo tardi; keine textnahe Verfilmung, verwendet nur Motive der Dickens-Erzählung; Regie: Filippo W. Ratti)

1970 – Scrooge (Musicalversion mit Albert Finney und Alec Guinness; Regie: Ronald Neame)

1971 – A Christmas Carol (mit einem Oscar ausgezeichnete Zeichentrickversion von Richard Williams)

1983 – Mickey's Christmas Carol (Walt-Disney-Zeichentrick; 25-minütiger Kurzfilm mit Dagobert Duck als Scrooge, Donald Duck als Neffe Fred und Mickey Maus als Buchhalter Cratchit)

1984 – Charles Dickens' Weihnachtsgeschichte (Originaltitel: A Christmas Carol; Regie: Clive Donner)

1984 – Geistertreffen um Mitternacht (Originaltitel: Le chant de Noël; Regie: Pierre Boutron)

1988 – Die Geister, die ich rief (Originaltitel: Scrooged; mit Bill Murray; Regie: Richard Donner)

1992 – Die Muppets Weihnachtsgeschichte (Originaltitel: The Muppet Christmas Carol; Puppentrickfilm; Regie: Brian Henson)

1997 – Weihnachten im Wilden Westen (Originaltitel: Ebenezer; Western nach Motiven von Charles Dickens; Ebenezer Scrooge ist hier Saloonbesitzer, Revolverheld und Falschspieler; Regie: Ken Jubenvill)

1997 – Ms. Scrooge – Ein wundervoller Engel (nach Motiven von Charles Dickens; Regie: John Korty)

1999 – Die drei Weihnachtsgeister (Originaltitel: A Christmas Carol; Regie: David Jones)

2003 – Carol und die Weihnachtsgeister (Originaltitel: A Carol Christmas; Regie: Matthew Irmas)

2009 – Disneys Eine Weihnachtsgeschichte (Originaltitel: A Christmas Carol; 3D-animierter Fantasyfilm mit Jim Carrey; Regie: Robert Zemeckis)

Internet (Auswahl)

http://www.dickensmuseum.com
(Homepage des Charles-Dickens-Museums in London, englische Seite)

http://www.charlesdickenspage.com
(private, regelmäßig aktualisierte Homepage, englische Seite)

http://www.literaturnetz.org
(bietet vollständige Dickens-Texte auf Deutsch)

http://www.charlesdickensbirthplace.co.uk
(Homepage des Museums in Dickens' Geburtshaus, englische Seite)

---

* nicht mehr im Buchhandel erhältlich